U0517498

中国农村小额保险
发展问题研究

刘 妍 著

中国财经出版传媒集团

经济科学出版社
Economic Science Press

图书在版编目（CIP）数据

中国农村小额保险发展问题研究/刘妍著 . —北京：经济科学出版社，2019.1

ISBN 978 - 7 - 5218 - 0253 - 5

Ⅰ. ①中…　Ⅱ. ①刘…　Ⅲ. ①农村保险 - 研究 - 中国　Ⅳ. ①F840. 66

中国版本图书馆 CIP 数据核字（2019）第 025819 号

责任编辑：刘　莎
责任校对：郑淑艳
责任印制：邱　天

中国农村小额保险发展问题研究

刘　妍　著

经济科学出版社出版、发行　新华书店经销

社址：北京市海淀区阜成路甲 28 号　邮编：100142

总编部电话：010 - 88191217　发行部电话：010 - 88191522

网址：www. esp. com. cn

电子邮件：esp@ esp. com. cn

天猫网店：经济科学出版社旗舰店

网址：http://jjkxcbs. tmall. com

固安华明印业有限公司印装

710 × 1000　16 开　10 印张　150000 字

2019 年 1 月第 1 版　2019 年 1 月第 1 次印刷

ISBN 978 - 7 - 5218 - 0253 - 5　定价：35. 00 元

（图书出现印装问题，本社负责调换。电话：010 - 88191510）

（版权所有　侵权必究　打击盗版　举报热线：010 - 88191661

QQ：2242791300　营销中心电话：010 - 88191537

电子邮箱：dbts@ esp. com. cn）

目　　录

引　言

一、问题的提出

在中国共产党第十七次全国代表大会上，时任总书记的胡锦涛提出了科学发展观，要求将科学发展观贯彻到各行业的发展中。对金融行业也提出了明确的任务，即提高行业的整体竞争力。保险业作为金融体系的重要组成部分，面临着历史的机遇期。2008年6月，中国保监会颁布了《农村小额人身保险试点方案》，首批选择山西、黑龙江、江西、河南、湖北、广西、四川、甘肃、青海九省（区）的县以下地区开展小额人身保险试点，标志着中国小额保险开始在农村地区正式启动。自开展试点以来，该业务获得了足够的政策推动，党的十七大报告、2010年中央"一号文件"、《中华人民共和国国民经济和社会发展第十二个五年规划纲要》、2014年《国务院关于加快发展现代保险服务业的若干意见》、党的十八大报告、《中华人民共和国国民经济和社会发展第十三个五年规划纲要》、党的十九大报告等文件都提到要大力发展"三农"保险，创新支农惠农方式，拓展"三农"保险广度和深度，积极发展农村小额保险等普惠保险业务。目前，农村小额保险业务已在全国全面推开。实践证明，农村小额保险通过为农村居民建立风险保障机制，日益成为减轻其贫困和脆弱性、增强其抵御风险冲击能力的重要手段，在推进保险服务和金融服务的普惠性方面发挥着重要作用，有效发挥了保险经济"助推器"和社会"稳定器"的功能，有助于构建农村和谐社会、建设社会主义新农村。深入研究农村小额保险问题具有重要的现实指导意义。同时，作为保险业服务"三农"的重要举措，农村小额保险得到越来越多学者的关注，深入研究我国农村小额保险发展问题，必将在一定程度上推动"三农"保险理论体系的完善。

二、文献回顾

作为一种市场化的金融扶贫手段，小额保险在为中低收入者提供保险保障方面发挥了重要作用。世界银行、国际劳工组织、国际保险监督官协会等国际组织都在积极研究和推广小额保险，理论界也给予其诸多关注。我国学者主要从小额保险的国际借鉴、经营模式、制约因素及助力精准脱贫等角度进行了探讨，在政府支持、制度完善、多主体合作、宣传推广、产品创新等方面达成了共识。下面本书将梳理小额保险从产生到取得初步成效的发展历程中形成的重要文献，寻求理论界在小额保险经营模式等方面达成的共识，为小额保险业务的进一步推广提供理论基础与发展思路。

（一）国外文献回顾

小额保险的核心特征是以低廉的价格、多样化的服务为低收入人群提供丰富多样的保险保障。目前小额保险在国际上100多个国家的实践中已经初见成效，尤其是在发展中国家获得了较大的支持和追捧，在组织经营模式、营销渠道、推广等方面为我国小额保险的发展提供了借鉴。从运作主体来看，小额保险的发展受到了非政府组织或社区互助组织的关注，例如，斯里兰卡的亚斯如互助小额保险项目、孟加拉国的农村妇女健康保险组织等；从渠道创新来看，一些国家创新了小额保险营销员模式，比如，印度塔塔友邦公司开办了小额保险营销员模式的开发，建立了团队和个人两种营销方式；从展业方式来看，国外小额保险的展业方式主要有四种，直接和间接营销渠道均有涉及，其中主要的提供者是商业保险公司和非政府组织；在经营模式的选择上，大部分国家都有固定的组织经营模式，但部分国家小额保险的发展并无固定的推广模式，如孟加拉国的小额保险主要靠民间健康维护组织和小额保险组织开办，通过门诊网络销售的形式推广小额保险①。

　　小额保险最早可以追溯到 19 世纪末的美国，真正发展则始于20 世纪 80 年代，发端于其在发展中国家农村地区的成功实践。目前，国际小额保险研究正处于蓬勃发展的时期，国外学者对小额保险的研究已经比较深入。最为完整系统阐述小额保险理论、实践经验的文献是克雷格·丘吉尔（Craig Churchill）主编的《保护穷人：小额保险纲要》（*Protecting the Poor：A Micro insurance Compendium*，2007），书中系统阐述了小额保险的基本理论，提出了小额保险的两面性：商业性和社会公益性。根据案例研究成果，作者总结了小额保险经营中的特殊问题及处理方法，论述了社会其他相关机构在小额保险发展中应发挥的作用和监管的特殊要求。此前，莫斯勒·U. 艾哈迈德（Mosleh U. Ahmed，2005）对孟加拉国小额健康保险项目进行了分析总结，并提出向低收入

---

　　①　关于小额保险在国际上的发展情况，在梁涛主编的《农村小额人身保险》（中国财政经济出版社 2008 年版）一书中有较为详尽的阐述。

市场提供健康保险的诸多建议。而詹尼弗·塞布斯塔德（Jennefer Sebstad）、莫妮克·科恩（Monique Cohen）和伊丽莎白·麦吉尼斯（Elizabeth McGuinness，2006）则详细描述了进行小额保险市场研究的程度和方法。在 2007 年的小额保险国际会议上，众多学者探讨了小额保险经营过程中的具体问题，如多米尼克·里伯（Dominic Liber）和克雷格·丘吉尔对小额保险各险种的产品设计以及风险特征进行了系统的分析；迈克尔·J. 麦考德（Michael J. McCord）则阐述了合作代理模式的利弊，并对代理人的选择、代理、保费收取和分配、保险索赔程序等进行了探讨。2010 年，安贾利亚·班提亚（Anjali Banthia）、苏珊·约翰逊（Susan Johnson）、迈克尔·J. 麦考德和布兰登·马修斯（Brandon Mathews）在小额保险研究中纳入了"性别差异"这一概念，认为女性是护理、家务等工作的主要承担者，但她们通常通过出售资产、依赖丈夫、让孩子辍学去打工赚钱等方式应对风险，这种风险管理方式极为传统与消极，往往会使女性陷入更加贫困的境地。为此，作者建议保险公司提供性别敏感度高的小额保险产品，既要符合女性的需求，还可在获取巨额利润的同时，缓解她们的生存贫困问题，这一结论为小额保险的理论研究提供了新的视角，也将对小额保险的险种创新带来新的契机。

　　国外关于小额保险扶贫的研究成果也相对集中，既有文献可以归纳为三类。第一类研究采用数值模型或者实证分析的方法评估保险能否减贫及其效果，如维奇（Kovacevic）、普夫卢格（Pflug）与哈米德（Hamid）等；第二类研究定性分析保险在精准扶贫中的功能价值，如克雷格·丘吉尔、詹尼弗·塞布斯塔德等；第三类研究侧重分析典型国家或地区保险扶贫实践情况，如莫斯勒·U. 艾哈迈德、安贾利亚·班提亚等。

（二）国内文献回顾

1. 小额保险经营模式的探讨

由于各地区的社会经济条件、文化传统、发展阶段、价值观及制度环境有所不同，小额保险经营模式也存在较大差异。针对我国小额保险业务的经营模式，众多研究者提出了自己的观点。肖明迁、陈孝劲（2009）根据经济社会和保险发展的现状，比较分析不同小额保险发展模式的优势与不足，认为我国小额保险发展前景广阔，基于小额保险社会性和商业性的考虑，以政府引导下的半商业模式为主，保险公司主导的商业模式为辅，探索多种主体合作的发展思路将更适宜我国小额保险的发展。然而，从国内外各地小额保险的实践来看，我国小额保险虽然经历多次实践，目前依然存在保险意识淡薄、支付能力有限、运营成本偏高等多方面的不足。刘妍、卢亚娟（2010）基于可行性分析，认为当前我国小额保险的发展最需要的就是政府扶持，故应当首先着重建立政府引导下的小额保险经营模式。刘婷婷（2010）则从我国小额保险的半公益、半商业特点出发，认为在经营发展初期，有必要建立政府、商业保险公司、金融机构等多主体广泛参与的合作模式，以促进小额保险在中国的可持续发展。陈立、李林和冯源（2011）认为利用基层组织的社会影响力进行推广也不失为一种良好的销售渠道，凭借代理模式和直销渠道的辅助，不仅减少了经营成本，扩大了市场影响力，还推进了社会保障事业的发展。总体来讲，在小额保险发展初期，更多学者认为我国小额保险业务各项配套设施还未跟进，政府作为社会保障的实施主体应该重点扶持引导小额保险的发展，在人力、物力等方面做出较大的资源投入，逐步建立起以政府为主导的经营模式，以促进小额保险的长足发展。但在实践中，小额保险经营模式并没有"一刀切"地选择政府主导模式。随着小额保险业务的进一步推广，考虑到小额保险半商业化、地域性强、普及率低、运营成本高的特点，其经营模式日益多样，包括合作—代理、独立经营等模式，即保险机构、微型金融机构以及专营小额保险机构之间相互合作的运作机制。此外，直销渠道、捆绑经营、基层合作模式也在一定程度上发挥了作用。

2. 小额保险发展的制约因素

实践表明，小额保险发展中存在目标群体保险意识差、监管体系不完善、法律制度不健全、供求不均衡、逆选择等问题。周红雨、徐汉坤（2008）以湖北农村为调研对象，通过深入剖析小额保险的发展背景和取得成效，暴露出保险意识不足、险种不能满足市场需求等问题，因此，加强宣传、拓展险种、创新模式成为推动小额保险可持续发展的重要手段之一；陈立、李林和冯源（2011）以农村小额人身保险覆盖率和风险保障程度为基础，从商业保险公司的角度分析小额保险发展的制约因素，认为商业保险的趋利性、机构的地域性均与小额保险存在矛盾，同时保险意识的薄弱也阻碍了小额保险的推广，因此，如何创新小额保险的经营模式成为小额保险探索的新方向；张璐（2013）也对完善我国小额保险提出若干思考，以小额保险理论为基础，基于对政府、商业保险公司、保监会、行业自律协会等主体行为的分析，为我国小额保险发展提出一些政策建议。

小额保险经营中面临的逆选择同样值得关注。邓涛涛（2012）从多个角度对我国农村小额保险市场需求和供给两个方面进行剖析，总结了我国小额保险发展以来的现状、问题及面临的挑战，并以投保人的续约行为为切入点，设计了一款针对投保人的保费奖惩机制，通过计算机模拟技术模拟出该机制具有稳定性，为小额保险的可持续发展出谋划策。为应对各方面带来的阻力，保监会及保险公司从与基层组织合作、与小额信贷捆绑、建立直接营销渠道等方面进行了创新。如政府组织引导农村小额保险与"新农合"相结合的模式，扩大了小额保险覆盖率；将小额保险与信用社等提供的信贷项目相结合，鼓励保险公司建立农村保险代理机构模式，以及开拓直接营销渠道，最终增加小额保险在保险市场上的影响力。

3. 小额保险供求的实证分析

理论上来说，中低收入人口对于针对其收入特点而设计的小额保险产品应该既有现实需求，也有客观的支付能力，完全可以结合自身情况选择合适的产品。然而笔者通过调研发现，我国小额保险在发展初期，无论是在业务规模还是推广效率方面成效均不明显，主要表现为供求失衡、有效需求不足等特征。以供求作为切入点的相关研究并不多见。卢燕（2011）对小额保险需求进行分析，认为风险、农民纯收入、保险费率等因素对小额保险需求不足产生影响，建议借助新的保险提供主体以降低保险费率，并通过加强风险宣传以促进农民养成良好的保险消费习惯显得至关重要；刘妍（2011）通过样本分析对江苏省小额保险投保意愿进行调查，认为小额保险在规模与推广方面效果不佳，表现出供求失衡、有效需求不足等特点，并进一步探索影响因素，其中年龄、受教育程度、收入水平、保险认知与风险状况等因素对购买小额保险影响较大；杜朝运、毕柳、袁春兰（2012）等以供求矛盾为出发点，重点阐述了我国小额保险产品供求错位、缺乏法律支持两个问题，认为小额保险的可持续发展需要各方的协同合作，并分别从需求方、供给方、第三方的角度提出创造市场需求、创新产品、降低销售成本、政府积极扶持等建议。性别差异在小额保险市场上同样存在。刘妍、卢亚娟等（2011）基于江苏省农村居民调查数据，建立模型研究性别差异对农村小额保险投保意愿的影响，研究显示，农村女性相比较于男性投保小额保险的意愿更强烈，与此之外，农村男女在个人年龄、文化程度、保险意识以及近三年的风险状况等因素对其投保小额保险亦呈现出显著差异性。

4. 小额保险与小额信贷的协同发展

农村地区由于经济落后、发展缓慢，无论是在资源配置还是资金支持方面都比较匮乏，小额信贷的产生与发展在一定程度上改善了上述情况。目前，大型商业银行、农村信用社和小额贷款组织是我国发放小额信贷的主体机构，贷款的金额一般为 10 万元以下，1 000 元以上。和其他贷款类产品一样，农村小额信贷同样存在着风险，有必要引入与农村小额信贷相配套的保险机制。小额保险与小额信贷协同发展模式在国际上有着广泛而成功的实践。

众多学者提出小额保险与小额信贷协同发展的观点：在微观方面，张青枝（2009）从小额信贷与小额寿险、小额意外险等发展模式进行逐个探讨并提出可行性建议，认为我国"小额信贷＋小额保险"要发展顺利，在产品设计上必须要符合不同地区经济条件和其他客观环境的需要，在实践上应针对当地具体实际情况，探索出一批符合实际、行之有效并且易于推广的发展模式。在宏观方面，李喜梅、何嘉欣、夏春萍（2013）等从贷款机构、保险公司、国家、农户等主体对小额保险与小额信贷协同发展的合作效用、合作现状进行分析，并为二者实现双赢提供政策建议，同时从实践试点中得出结论：小额信贷与小额保险相捆绑这一模式促进了金融发展，因此，在金融改革过程中应当从实际出发，以点带面，最终形成规模。

农村小额保险与小额信贷的协同发展，有赖于整个农村金融环境的改善，而这需要小额信贷机构在其中发挥主导作用，同时保险公司和农户应积极参与其中，政府也要从政策和监管方面进行全面推动。小额保险与小额信贷作为我国金融支持社会主义新农村建设的重要手段，必然将对我国农村金融的发展起到一定的促进作用。

5. 小额保险的监管

小额保险在我国虽初具成效，但仍存在监管不善的问题，较多学者对该专题进行了研究：雷辉（2010）对小额保险监管进行理论分析，结论表明我国保监会对小额保险的发展具有积极的推动作用，同时还强调有效的监管不仅仅是完善小额保险监管的合规性与风险性，还要加强监管力度，从而提高监管效率。周国辉（2011）、陈斌彬（2011）、王芳（2013）等借鉴国际经验，对我国2008年以来小额保险试点成果进行数据分析，认为我国小额保险监管法律制度存在较多问题，就监管目标偏离、操作规则简单、监管内容不完善等方面对小额保险的发展提出建议。时任保监会副主席的陈文辉称，小额保险试点的监管，从一开始就在向国际小额保险监督管理的标准靠拢，目前世界上有较多国家在推广小额保险，中国作为人口大国也应有所作为。为推动小额保险的试点，保监会推出了一系列鼓励支持政策，例如小额保险产品代理人的创新销售模式等。通过该模式，没有从事过保险业务的新人只要经过保险公司培训30小时后，就可以具备小额保险产品代理人的资格，销售指定的小额保险产品，为参保人提供保险服务。这项创新政策需要保险公司从社会责任角度出发和考虑，而不是仅仅从盈利的角度考虑。监管部门正努力为试点公司提供支持，适当减免监管费，以便更多地让利给低收入人群，推动小额保险的普及。

6. 小额保险助力精准扶贫

国内对保险扶贫的广泛关注始于2017年1月《保险的"四两拨千斤"之力：三位村民和三个险种的故事》的发表与转载。文章出自新华社记者之手，其深入贫困地区农村进行调研，以故事形式讲述保险与扶贫之间的天然联系，并在感性认识后形成理性认知"根据保险大数法则，只要拿出一少部分钱，就可以调动保险公司一大笔钱用于扶贫脱贫。"此前，保险扶贫相关研究主要集中在保险扶贫的意义、优势、模式探讨与个案剖析方面。一是针对保险扶贫的意义与优势，陈文辉（2016）认为扶贫开发需要保险业的支持，保险业参与扶贫在体现保险业责任担当的同时，也可以给自身带来新的发展机遇。吴焰（2015）认为保险是精准扶贫、实现全面小康可资利用的重要金融工具，利用有效的保险机制，完全可以在财政和老百姓不多拿钱的情况下，达到高水准的保障率；陈文辉（2016）认为保险业参与扶贫具有独特优势，能够放大扶贫资金的使用效益、提高扶贫的精准度和有效性、为贫困户提供普惠的基本保险保障、推动贫困地区农业转型升级；王栋贵（2016）认为保险是化解扶贫项目风险的不二选择，因为"保险不仅能全面发挥培元的作用，更能全面发挥固本的作用"。建议将保险和扶贫资金项目捆绑，推动保险深度融入扶贫开发机制。吕岩（2016）高度认同习总书记"扶贫贵在精准"的要求，认为保险扶贫恰恰重点体现了"精准"二字：保险给付对象"准"、保障层次"准"、扶贫手段"准"、资源反哺"准"、规则利用"准"，预测保险扶贫的主流模式将是"保险＋"，由保险担任起扶贫机制与贫困人口的连接器，将保险服务链向农业产业链上下游和农村生产生活的各个方面延伸，与其他扶贫主体配合，共同推动农村生产生活模式的升级。周园翔（2017）阐述了农村小额人身保险在减贫脱贫中的作用。

针对保险扶贫的模式与方法，刘定云、谈益宏（2007）建议把保险纳入救灾扶贫体系，提出"既然政府每年都要安排下拨救灾、扶贫款，何不拿出一部分钱来帮弱势群体买保险。农业保险、合作医疗、意外伤害类险种保费低，能在弱势群体遭受意外事故、突发重大疾病时提供保障。"叶颖刚（2016）借鉴国外开展农村养老保险的经验，提出针对精准扶贫动因下的农村养老保险的发展对策。张伟等（2017）研究了政策性农业保险的精准扶贫效应，并进行了扶贫机制设计。

目前，多地区聚焦"精准"，积极创新扶贫性保险产品与服务方式，形成了一些地区经验。如宁夏"扶贫保"模式、河北阜平"政融保"金融精准扶贫项目、云南普洱咖啡价格保险、四川凉山"惠农保"等。针对保险扶贫的地区经验与特色，李万峰（2016）基于河南省兰考县"脱贫路上无风险"模式的分析，畅谈了保险扶贫的障碍所在，认为贫困人口对保险低认同、政府对保险扶贫项目低补贴、保险公司对扶贫低投入的状况有待改善，建议构建好政府、市场、社会协同推进的大扶贫格局。黄明明、王彤（2016）重点分析了发端于2014年的河南焦作困难群众大病补充医疗保险，该方案的亮点之一是花费越高，报销比例越高，最高的报销比例高达90%。大病补充医疗保险同各项医保制度的结合，大大提高了对困难群众托底保障的精准性。李鸿敏（2016）剖析了河北农业保险的"阜平模式"。阜平把"农业保险全覆盖"作为金融扶贫的突破口，提出农业保险精准扶贫需要政府精准扶持，保险公司精准开发新险种，加强贫困地区保险的精准宣传和完善精准的支持保障措施。戴鸿丽（2018）深度调研了东北边境宽甸县保险扶贫情况并提出制度完善建议。

综上所述，国内小额保险的理论研究在以下几方面已经达成共识：①构建多主体共同参与的小额保险营销渠道；②设计出多样化、有针对性的保险产品；③强化小额保险与小额信贷的协同发展；④小额保险有助于精准扶贫；⑤建立适合小额保险的监管框架，通过有效监管及创新来推动小额保险发展。国际比较来看，我国小额保险有必要在丰富经营主体、提升普及率、优化发展环境等方面做出成效。建议在小额保险服务效率、组织结构创新、专业化经营模式等方面深入开展理论研究和实践创新。

三、研究目标与内容

就全国范围来看，农村小额保险在创新产品、探索经营模式等方面有所进展，但前期调研发现，农村小额保险在业务规模以及推广效率方面仍有待提高，现实制度设计方面矛盾比较突出，比如，如何解决与大量分散农户交易费用过高的问题？如何解决经营收益低下的农业和资本存量少的农村居民对商业保险的盈利目标难以支撑的问题？这就需要从供求双方及相关主体构建的"经营环境"中寻求对策，进行新时期背景下的制度安排设计，在这一制度下，供给方能够实现盈利目标，需求方能够实现风险转嫁，其他相关主体的利益也能得到保障，"多赢"局面将会促进农村小额保险的可持续发展。本研究拟采用定性与定量相结合的方法，从农村小额保险的理论与实践等方面开展研究，积极探索农村小额保险发展的有效模式，并对"农村小额信贷＋农村小额保险"等问题进行分析，提出促进可持续发展的具体策略。

结合研究目标，本书的主要研究内容如下。

研究内容一：农村小额保险发展的理论研究。

保险是风险管理的有效方式之一，但由于我国农村居民风险与保险认知有限且收入普遍较低，在现有的商业保险模式下，保险在"三农"领域未能充分发挥其应有的作用，小额保险的出现可以从一定程度上解决"三农"保险供求中存在的供求失衡问题。研究将立足于"三农"风险管理体系完善的视角，探讨小额保险发展的意义。

研究内容二：农村小额保险发展现状。

重点研究农村小额保险发展现状，以及农村小额保险助力精准扶贫的效果。小额保险发展中的主要问题是投保意愿较弱，拟通过实证研究，提出改善投保意愿的政策建议。

研究内容三：农村小额保险的经营环境与发展策略研究。

农村小额保险的推广能否取得成功并非单纯取决于供求双方在险种设计、费率厘定及保险责任等方面实现均衡，同时还要考虑到经营模式的有效性、经营风险的防范能力、营销手段的合理性以及政府的作用等。需要结合农村保险市场特点，对农村小额保险的经营环境进行深入研究。基于上述研究成果，有必要进行新时期下我国农村小额保险的制度安排设计，并借鉴国际农村小额保险取得的成功经验，提出具体的发展策略。

四、研究思路

（一）投保意愿影响因素的实证分析

在不确定情况下，农村居民对于小额保险的需求取决于期末预期收益及保费支出情况，决定预期收益大小的主要因素包括：预期寿命的大小、风险意识、风险管理替代工具以及年龄、性别、受教育年限、家庭抚养率等家庭统计学特征；在获得预期收益的基础上，农村居民还会对具体的保费支出进行权衡和比较，关注的重点包括实际的保费支出、对家庭其他消费的影响，因而保费占家庭人均纯收入的比重等因素也会影响农村小额保险的实际需求行为。

（二）农村小额保险的经营环境分析

新制度经济学的研究表明，任何制度措施都有适用的经济和社会环境，小额保险虽然在国际上部分国家或者地区取得了良好效益，但在我国现行的经济和社会条件下，农村小额保险能否取得可持续发展值得研究。该部分将进行农村小额保险经营优势、劣势、机会与威胁的评估，主要从小额保险产品本身的特殊性与功能、农村保险市场发展的现状、农村居民的现实需求与保险意识、经营主体的风险、政府的作为、相关法律法规的制定与实施等方面综合分析，为改善经营环境提供理论支持。

（三）农村小额保险经营模式优化研究

"农村小额信贷＋农村小额保险"作为一种创新型金融服务模式，能够实现信贷机构、保险公司及农户三方共赢。一方面可以规避贷款主体的信贷风险，保证信贷资金的安全；另一方面可以帮助保险公司拓宽农村保险市场，增加保费收入；还能够使农户获得信贷和保险双重收益。研究将对该模式产生的动因、效用、现状以及存在的问题进行分析，并就如何促进两者协同发展提出政策建议。

五、创新性

（1）研究视角：有别于现有文献，本研究拟从"三农"风险管理的角度研究小额保险发展问题，把农村小额保险发展的重要性从满足农民风险保障需求的角度拓展到"三农"风险管理制度完善的角度，力图更深刻、更系统地研究小额保险发展问题。

（2）研究内容：基于小额保险发展现状的分析，借鉴国际成功经验，力图为国家和各地政府合理、有效率地推广小额保险提供决策参考，并为农村小额保险的理论研究提供有益补充。

第一章

农村小额保险发展的理论分析

保险是风险管理的有效形式之一，小额保险能够为中低收入人群提供有效的保障服务，增强其抵御风险的能力，减轻其贫困与脆弱性，这一点已经被发展中国家的成功实践所证明。目前，中国小额保险业务主要在农村地区展开，在一定程度上解决了"三农"保险供求中存在的供求失衡问题，为目标群体应对"三农"风险提供了保障。本章将立足于"三农"风险管理体系完善的视角，探讨小额保险发展的意义。

第一节　小额保险的概念与特征

小额保险的权威定义主要有两种。一是根据国际贫困扶助协商组织（CGAP）的界定，小额保险主要是面向低收入人群，依照风险事件的发生概率及其所涉及成本按比例定期收取一定的小额保费，旨在帮助低收入人群规避某些风险的保险。二是国际保险监督官协会（IAIS）关于小额保险的定义，小额保险是依据公认的保险惯例（包括保险核心原则）来运营的，是由多种不同实体为低收入人群提供的保险，这意味着小额保险承保的风险仍需依照保险原则进行管理，并由保费提供资金。可见，小额保险的基本定义包含三大要素：（1）小额保险是保险机制的一种，遵循大数法则等保险基本原理，通过收取的保费对小额保险保单承担的风险进行补偿，从而转嫁和分散低收入人群的同质风险。（2）小额保险旨在服务低收入人群，通过提供合适的风险转嫁产品，使低收入人群有能力购买保险服务。（3）小额保险的经营者多种多样，包括小型的社区性组织、互助组织、合作社或股份制的商业保险公司等，可以是营利机构，也可以是非营利机构。总体而言，小额保险是金融服务与社会保护的综合体，一方面它需要以一种在金融上可行的方式运行；另一方面，它必须能够将尽可能多的低收入人群覆盖进来，实现"普惠性"。我国在小额农业保险、小额人身保险两方面均有不同程度的发展。

第二节　"三农"风险管理视角下的农村小额保险

一、"三农"风险类型及影响

"三农"风险即在农村、农业、农民的发展过程中，各种损失事件发生的不确定性。结合实践，本章将"三农"风险按照风险标的的不同分为财产风险与人身风险，并进一步依据风险形成的原因，将财产风险细分为自然风险、经济风险和社会风险，将人身风险细分为养老风险、疾病风险和意外伤害风险。

（一）"三农"财产风险及其影响

"三农"财产风险是指因自然、经济、社会等因素导致农村、农业和农民面临财产损失的风险。

1. 自然风险

自然风险是指因为自然灾害而遭受的财产损失，以农业损失为主。我国是世界上自然灾害最为严重的国家之一，史料可见，在漫长的农耕文化史中农业生产曾经遭受了各类自然灾害的威胁。20世纪90年代以来，随着全球气候变暖，人口增加及城市化、工业化发展对环境的破坏，自然灾害种类更多，发生频度更高，涉及范围更广。而农业由于基础设施薄弱，投入不足，抗灾防灾能力有限，受自然灾害的影响更大，损失逐年上升，不仅直接损失巨大，因出口限制、产品滞销等造成的间接损失也很惊人。

2. 经济风险

经济风险是指在生产和销售等经营活动中由于受各种市场供求关系、经济贸易条件等因素变化的影响或经营者决策失误对前景预期出现偏差等，导致经济上遭受损失的风险。在"三农"风险研究层面，经济风险主要表现为农业生产中因市场变化而导致农业产量的大幅波动、农产品价格变化幅度大而造成农民收入的不稳定、乡镇企业因市场变化面临经营风险等。

3. 社会风险

社会风险是指由于个人或团体的过失、不当及故意行为，对社会生产及人们生活造成财产损失与人身损害的可能性。"三农"社会风险主要包括资源风险、环境风险、道德风险等，我国土地资源中由于不合理的开发利用方式所造成的土地资源退化面积占全国土地总面积的50%以上，我国人口多而人均耕地少，土壤退化造成农业生产减产，直接威胁到国家的粮食安全；大量的环境污染事件会造成农田产量下降、水产养殖受到损失；道德风险对农业和农民造成的损失也不容忽视，因假劣种子农药化肥导致绝收的事件时有发生；而农村警力相对薄弱，农村地区家庭财产及农耕设备被盗事件也屡有发生。

（二）"三农"人身风险及其影响

"三农"人身风险主要包括农民养老风险、疾病风险和意外伤害风险。

1. 养老风险

计划生育的实施使得我国农村家庭规模缩小，农村劳动力的外出转移使得家庭呈现出空巢状，传统的家庭养老方式显然无法适应现状，养老观念有必要从传统道德深化为社会责任。自20世纪90年代我国农村养老保险制度创建以来，农村养老保险取得了一定的发展，但相比较于城镇居民养老保险的覆盖水平，参保农村居民的人均缴纳和人均领取仍有待提升。而农村人口日益严重的老龄化趋势，以及外出劳动力的回流，将进一步加剧农村的养老问题。

2. 疾病风险

农村居民，尤其是外出劳动力，大多从事的是体力劳动，生产和生活环境相对恶劣，疾病风险分担的途径较少，抗大病能力有限，而医疗支出的大幅度增加使得疾病风险对农民的影响更加突出。统计资料表明，2000～2017年农民人均医疗支出占消费性支出的比例不断增加，而且支出的增幅平均在10%以上，远远高于同期的人均纯收入增幅。近年来，"因病致贫"和"因病返贫"的现象由于新农合的实施得到一定程度的改善，但并没有完全得到控制。

3. 意外伤害保险

"三农"意外伤害风险因素集中表现为工伤、交通及自然灾害等，其中外出劳动力的工伤事故风险最为常见。作为家庭的主要经济支柱，该群体承担着赡养老人与抚养子女的重任，从这个意义上来讲，其面临的风险也是农村家庭面临的主要风险。外出劳动力由于文化程度较低、技能相对缺乏，通常就业于劳动密集型产业，工作环境差且危险程度高。目前，在多方合力的作用下，农村外出务工人员的待遇和工作环境已得到一定程度的改善，但劳动安全隐患依然存在，尤其在一些小微企业，大量缺乏安全防护的旧机器以及不合格的劳保用品仍在使用，这就使得职业病和工伤事故发生的比例较高。

二、"三农"风险管理体系发展现状与小额保险发展的意义

由以上分析可以看出，"三农"风险的存在使得农业生产面临着产量与产值的不稳定，影响到农业的可持续发展与农民收入的稳定；农民本身在生产与生活中，也可能遭受自然灾害等风险带来的财产损失以及疾病与意外伤害等风险带来的人身损害；而农民若不能安居乐业，极易引发社会公平问题，农村社会的稳定必将受到影响。农民是"三农"问题的核心，为农民建立有效的风险管理体系显得尤其重要。

（一）"三农"风险管理体系发展现状

表1-1将现阶段城镇与农村主要保障项目进行了对比。

表 1 - 1   城镇与农村主要保障项目对比

保障项目		城镇	农村
社会保险	养老保险	普遍建立	普遍建立 （与城镇居民养老合并①）
	医疗保险	普遍建立	普遍建立 （与城镇居民医保合并②）
	失业保险	普遍建立	部分农民工享有
	工伤保险	普遍建立	部分农民工享有
	生育保险	普遍建立	部分农民工享有
社会福利	工作福利	福利设施、福利补贴、休假与补贴	部分农民工享有
	公办福利	社区服务、福利院、敬老院、干休所等	五保户供养、养老院
	教育福利	水平较高	水平较低
社会救济		最低生活保障制度和城市扶贫	农村救济、救灾、扶贫、 最低生活保障制度
其他保障		企业保障、商业保险	少量商业保险、政策性 农业保险

注：①2009 年 9 月 1 日，国务院印发了《国务院关于开展新型农村社会养老保险试点的指导意见》，标志着我国农村社会养老保险制度建设进入了一个崭新时期。部分地区在"新农保"制度的基础上，适时调整制度安排，结合本地实际情况，建立起全覆盖的统一的城乡居民社会养老保险制度。2014 年《国务院关于建立统一的城乡居民基本养老保险制度的意见》中明确规定，将新农保和城居保两项制度合并实施，2015 年起在全国范围内建立统一的城乡居民基本养老保险制度。

②《国务院关于整合城乡居民基本医疗保险制度的意见》中明确要求各省（区、市）要于 2016 年 6 月底前对整合城乡居民医保工作作出规划和部署，明确时间表、路线图，健全工作推进和考核评价机制，严格落实责任制，确保各项政策措施落实到位。2019 年全国范围内统一的城乡居民医保制度全面启动实施。这意味着城镇居民基本医疗保险（简称城镇居民医保）和新型农村合作医疗（简称新农合）两项制度的彻底融合。

资料来源：杨翠迎：《中国农村社会保障制度研究》，中国农业出版社 2003 年版；部分资料结合城乡保障项目发展现状有所调整。

表 1 - 1 中可见，相比较于城镇，农村保障项目覆盖面有限。农村居民医疗保险和养老保险基本普及，但其他社会保险项目仅针

对具有相对稳定职业、有固定收入的"社会中间群体"，即农民工；社会福利仅有部分特殊群体享有，且水平较低；社会救助主要针对无法维持生活的失业、伤残、核心赤贫群体；而传统的商业保险主要是为社会中上收入阶层服务，农村居民的投保率非常低。随着"三农"风险愈加多样化，风险发生导致的损失日趋严重，农民对保险的需求日益加剧，有必要建立有效的"三农"风险管理体系。

（二）发展小额保险对完善"三农"风险管理体系的意义

市场化是农村制度变迁的基本趋势，健全与完善"三农"风险管理体系也应该符合"市场化"的要求。风险管理制度以国家、团体或个人为主体，包括国家财政、社会互助和慈善、个体承担、保险等多种风险处理方式。非市场化条件下，风险管理手段仅有非商品化的制度安排；而在市场化条件下，风险管理制度则存在非商业化和商业化两种形式。"三农"风险管理体系的市场化变迁应着力发展商业化的风险管理机制，保险无疑是市场化风险管理机制中最重要的一种形式。

目前，农村保险市场呈现出供求失衡现象。一方面，农民面临诸多风险，需要通过保险等有效手段进行风险转移，但由于其风险与保险认知有限且收入普遍较低，因而在当前商业保险模式下，缺乏有效需求；另一方面，在盈利目的驱使下，保险公司通常以中高收入阶层为服务对象，缺乏为低收入阶层提供风险保障的动力。

短期来看，相比较于传统险种，小额保险在服务"三农"方面具有一定的优势。一方面，从供给者角度分析，小额保险产品研发要求相对简单、产品开发周期短、可以与民间组织合作以简化程序与规则，有效降低展业与理赔成本，从而可以用更优惠的保费促成更高的投保率；另一方面，从需求者角度分析，小额保险保费较低，保单简明易懂，除外责任较少保障范围广，投保和索赔手段比较简便。长期来看，随着农民收入的不断增加，其对保险的需求和购买能力也在不断增长。小额保险若能在农村得以全面推广，势必将对农民保险意识和保险认知的提高起到积极的作用，为未来进一步开拓农村保险市场、完善"三农"风险管理体系打下良好的基础。

因此，发展小额保险理论上可以促进农村保险市场的平衡，能够提升农民的风险意识与保险认可度，是"三农"风险管理体系亟待完善的重要方面。

第二章

农村小额保险发展现状分析

上一章研究表明，小额保险的发展有助于完善"三农"风险管理体系。那么，小额保险发展情况如何？本章将侧重从需求角度分析小额保险发展现状与存在的主要问题，并以农业保险为例分析小额财产保险发展情况。具体来讲，本章包含两部分。一是利用江苏省13市396份农村人口的调查数据，建立实证模型分析影响农村小额保险购买意愿的主要因素；二是进行农业保险经营模式及典型案例的分析。

目前，世界上有一百多个发展中国家在积极探索利用小额保险为中低收入人群提供保障服务的问题。国际经验显示：在广大农村，单纯依靠提供小额信贷和储蓄工具这些金融支持手段还不足以解决农村的贫困问题，因为一些从小额贷款获益或致富的个人可能因疾病、意外死亡和自然灾害等原因再次陷入贫困，并且影响贷款回收，危及贷款机构的财务安全。为了更好地规避风险，小额保险机制率先被印度、孟加拉国和菲律宾等发展中国家引入。这些国家根据其农村人口缺乏保险保障的实际情况，以多种形式在农村地区推进小额保险业务，取得了较快发展，成为解决农村人口基本保障的有效手段，引起了国际保险监督官协会、世界银行和国际劳工组织的高度关注。

为深入贯彻落实全国保险工作会议精神，统筹城乡人身保险业务发展，缓解我国农村地区保险供给不足问题，扩大农村地区保险覆盖面，提高保险业服务和谐社会和新农村建设的能力，保监会于2008年发布了《农村小额人身保险试点方案》，标志着低收入农民缺乏基本风险保障的问题将从商业保险层面得到一定程度的解决。2008年8月，我国保险业同时在四川、江西、河南、甘肃等9个省（区）启动农村小额保险试点工作。2009年，在总结首批试点经验的基础上，农村小额保险试点覆盖面进一步扩展至19个省（区），产品也由先期推出的9款增加至14款[①]。2012年起，农村小额保险业务在全国全面推开[②]。

第一节　农村小额保险购买意愿的实证分析

一、农村小额保险购买意愿影响因素的实证分析

现有文献中，以供求作为切入点的研究并不多见：曹晓兰（2009）从我国低收入者的购买意愿和购买能力两方面分析了目前小额保险的供求矛盾。文章认为农村的中低收入群体对基本保障型

---

① 为使更多农民买得起、买得到保险，享受农村小额人身保险保障服务，原中国保险监督管理委员会于2009年4月下发了《关于进一步扩大农村小额人身保险试点的通知》，按照逐步试点、稳妥推进的原则，进一步扩大农村小额人身保险试点。

② 为持续推进保险服务的普惠性目标，让更广大低收入群体能够享受到保险服务，增强风险抵御能力，保护辛勤奋斗的致富成果，履行人身保险行业的社会责任，原中国保险监督委员会于2012年6月下发了《关于印发全面推广小额人身保险方案的通知》，决定在总结试点经验的基础上在全国推广小额人身保险服务。

保险服务的需求是现实存在的，但保险公司提供的产品与农民需求不相适应，适合广大中低收入者的保险产品很少，因此，有必要降低小额保险的交易成本，将潜在需求转变为现实需求；高峰等（2008）对我国农村人口巨大的潜在保险需求和受到抑制的实际保险需求进行了分析和估算，并就发展过程中所面临的挑战对发展小额保险提出建议；陈之楚（2009）则对小额保险供给理论进行了深入分析，文章认为传统商业保险所遵循的同质风险、同等价格的交易原则，对低收入者而言是难以实现的，为此建议小额保险供给调整传统保险"可保性"的限制，采用同质风险、分层对价方式，将商业保险与社会保险的功能相融合；陈华（2009）基于广东部分地区的调研，对农户购买小额保险意愿的影响因素进行了实证研究，结果表明，农户的受教育程度、收入水平和储蓄状况对于小额保险购买意愿具有明显的影响。

考虑到江苏是一个保险大省，有着良好的保险市场基础，且江苏省内相关部门一直将农村小额保险列为在农村重点推广的业务，该业务在江苏发展前景良好；同时江苏的经济发展具有地区不平衡性，苏南、苏中苏北农村经济水平存在明显差异，农村小额保险发展的社会经济环境在全国具有代表性，基于江苏的研究结论具有一定的普遍性，政策建议具有较强的推广性。为此，本章借助江苏的调查数据，分析农村人口当前面临的主要风险、保单持有及保险认知情况，以及购买农村小额保险的意愿，并进一步利用 Probit 模型寻求影响购买意愿的诸多因素，力图为促进农村小额人身保险的需求提出政策建议。

（一）研究假说

本研究拟从个体与家庭特征、保险认知与风险情况等方面，考察影响购买农村小额保险意愿的诸多因素，并提出以下两点假说。

假说1：个体与家庭特征会影响农村人口的购买意愿：（1）年龄：一般而言，随着年龄的增长，人们对于保险的购买意愿会降低，但该因素对于农村人口购买小额保险意愿的影响方向不确定，有待验证；（2）受教育程度：通常情况下，文化程度较高者会对保险有更加科学的认识，从而购买欲更强些，但该因素对于农村人口购买小额保险意愿的影响方向同样有待验证；（3）来源地：地域经济越发达、保险市场发展越成熟的地区，其农村人口购买小额保险的愿意可能更强；（4）就业状况：拥有正式工作的农村人口，可能会由于参加社会保险，已经获得基本保险保障，对小额保险的需求较弱；（5）家庭年收入：收入水平与农村人口购买小额保险意愿的关系为正，但收入超过一定程度后，影响方向可能会转变，因为小额保险无法满足高收入者更高的保障需求；（6）储蓄情况：具有一定储蓄的农村人口拥有更强的支付能力，但对小额保险购买意愿的影响不确定；（7）人均拥有土地情况：土地越多的农户，一般会拥有更多生产性工具，因此对小额保险，尤其是小额财产保险的需求更强。

假说2：保险认知与风险情况会影响农村人口的购买意愿：（1）保险认知情况：对保险有一定了解的农村人口更具购买意愿；（2）保单持有情况：表明农村人口对保险的态度，但影响方向很难确定，对保险有科学认知且获得较为理想的保险服务者通常更愿意购买保险，反之则更加不愿意购买；（3）近三年风险状况：近几年遭遇过财产或人身风险者更具购买意愿。

（二）样本的统计特征描述

研究所用数据来自江苏省农村小额保险研究所（江苏省保险学会与南京审计大学金融学院共建）近年在江苏省内开展的问卷调查。调查内容涉及个体与家庭特征、保险认知与风险情况以及农村小额保险投保意愿等方面。调查范围包括江苏苏南、苏中苏北地区农村，涉及 13 市，63 个自然村。共发放问卷 400 份，收回有效问卷 396 份，其中苏南有效样本共 195 份，苏中苏北有效样本共 201 份。样本的统计特征描述如表 2 - 1 所示。

表 2 - 1　　　　　　　　　被调查者的个体与家庭特征

个体与家庭特征		样本		苏南地区		苏中苏北地区	
		人数	占比（%）	人数	占比（%）	人数	占比（%）
性别	男	211	53.28	103	52.82	108	53.73
	女	185	46.72	92	47.18	93	46.27
年龄	20 岁以下	26	6.57	6	3.08	20	9.95
	20~29 岁	81	20.45	24	12.31	57	28.36
	30~39 岁	71	17.93	36	18.46	35	17.41
	40~49 岁	117	29.55	80	41.03	37	18.41
	50~59 岁	58	14.65	41	21.03	17	8.46
	60 岁及以上	43	10.85	8	4.10	35	17.41
受教育程度	小学及以下	68	17.17	14	7.18	54	26.87
	初中	153	38.65	84	43.08	69	34.33
	普高	73	18.43	47	24.10	26	12.94
	中专、技校	57	14.39	31	15.90	26	12.94
	大专及以上	45	11.36	20	9.74	25	12.92
就业状况	赋闲在家	35	8.84	16	8.21	19	9.45
	纯务农	47	11.87	26	13.32	21	10.45
	不务农但灵活就业	79	19.95	42	21.54	37	18.41
	务农且灵活就业	63	15.91	38	19.49	25	12.44
	不务农但有稳定工作	61	15.40	42	21.54	19	9.45
	有稳定工作兼务农	111	28.03	31	15.90	80	39.80

个体与家庭特征		样本		苏南地区		苏中苏北地区	
		人数	占比（%）	人数	占比（%）	人数	占比（%）
家庭年收入	3 000 元以下	6	1.52	1	0.51	5	2.49
	3 000~5 000 元	19	4.80	4	2.05	15	7.46
	5 000~1 万元	29	7.32	13	6.67	16	7.96
	1 万~2 万元	105	26.51	43	22.05	62	30.85
	2 万元以上	237	59.85	134	68.72	103	51.24
储蓄情况	有	294	74.24	167	85.64	127	63.18
	无	102	25.76	28	14.36	74	36.82
人均拥有土地情况	无耕地	54	13.64	37	18.97	17	8.46
	有且1亩以下	153	38.63	125	64.10	28	13.93
	1~2 亩	125	31.57	26	13.33	99	49.25
	2 亩以上	64	16.16	8	4.10	56	27.86

注：考虑到亩是中国市制土地面积单位。相对于国际土地面积单位"平方米"，农村居民对"亩"更具感性认识，因此本研究在实地调研及后续分析论证中均以"亩"作为土地面积单位。1 亩 = 666.6666667 平方米。

资料来源：根据问卷调查表制成（下同）。

本次调查中，男女分别占 53.28% 与 46.72%，以中青年为主。其中 51.16% 是 3 口之家，家中主要劳动力 2 人。家庭年收入有 59.85% 在 2 万元以上；其次是 1 万~2 万元之间；5 000~1 万元之间的仅 29 户，以苏北地区为多，占 7.32%。就业状态方面，赋闲在家者 35 人，占 8.84%；纯务农者 47 人，占 11.87%；灵活就业者共 142 人，占 35.86%；具有稳定工作者 172 人，占 43.43%。74.24% 的被调查者家中有一定的储蓄，但大多储蓄金额较少，仅能应对较小损失的风险。人均拥有 1 亩左右土地者居多，其中有 64

户家庭人均拥有土地在 2 亩以上，占 16.16%；另有 54 户无耕地，占 13.64%。

在了解农村人口对保险特别是对农村小额保险的认知情况（见表 2 - 2）时发现，知晓者对保险了解的渠道主要是营销员上门推销、亲友口口相传，以及媒体宣传等，仅有 46 人（11.62%）属于主动了解。从保单持有情况看，46.72% 的农村人口家中无商业保单，未投保的主要原因是"没有余钱"或者"对保险公司不了解、不信任"；另有部分是因为"已经参保社会保险"；此外"家庭能够承担可能遇到的风险""无合适的险种""周围买保险的人很少"等也是未投保的常见原因。目前，农村人口持有的保单主要是养老保险、医疗保险与意外伤害保险三大类。近三年面临的风险依次是："生小病看门诊""生大病住院""遭遇过意外伤害"，面临"财产损失"的仅有 8 户（这一排序与 2011 年第一次调查所得结果基本一致）。绝大部分农村人口在遭遇风险时，会"自己承担"，这一比例高达 69.52%；其次是"亲友帮忙"，约占 10%；8.13% 的被调查者曾经获得相应的保险理赔；少数人是通过"政府救济"等其他途径弥补损失。

表 2 - 2　　　　　　　　被调查者的保险认知与风险现状

保险认知与风险现状		样本		苏南地区		苏中苏北地区	
		人数	占比（%）	人数	占比（%）	人数	占比（%）
保险认知情况	不知道	34	8.59	12	6.15	22	10.95
	知道但不了解	205	51.77	64	32.82	141	70.15
	比较了解	104	26.26	75	38.47	29	14.43
	非常清楚	53	13.38	44	22.56	9	4.47

续表

保险认知与风险现状		样本		苏南地区		苏中苏北地区	
		人数	占比(%)	人数	占比(%)	人数	占比(%)
保单持有情况	有	211	53.28	143	73.33	68	33.83
	无	185	46.72	52	26.67	133	66.17
近三年风险状况	生小病看过门诊	112	28.28	73	37.44	39	19.40
	遭遇过意外伤害	45	11.36	21	10.76	24	11.94
	面临过财产损失	8	2.02	4	2.05	4	1.99
	生大病住过院	36	9.10	16	8.21	20	9.95
	平平安安	195	49.24	81	41.54	114	56.72

调查结果显示，农村人口对农村小额保险的投保意愿较高（见表2-3）。在问及"若有一种保险，只需要一次性交纳几十元保费就可以得到一定的保障（保财产、保健康、保意外等），您是否愿意购买"时，苏南、苏中苏北两地选择"愿意购买"的分别有174人与123人，占总人数的75%。其中，苏南愿意购买者达89.23%；苏中苏北地区愿意购买者达61.19%。

表2-3　　　　被调查者购买小额保险意愿情况

意愿情况	苏南地区		苏中苏北地区	
	人数	占比（%）	人数	占比（%）
愿意	174	89.23	123	61.19
不愿意	21	10.77	78	38.81
合计	195	100	201	100

（三）模型与变量说明

1. 模型

本研究采用 Probit 模型，形式如下：

$$p(y=1 \mid x) = G(\beta_0 + x\beta) = G(\beta_0 + \beta_1 x_1 + \beta_2 x_2 + \cdots + \beta_k x_k)$$

$$(2.1)$$

其中，p 表示概率，G 是标准正态分布函数，$\beta(\beta_1, \beta_2, \cdots, \beta_n)$ 是系数估计值，$x(x_1, x_2, \cdots, x_n)$ 是解释变量。需要说明的是，在结合估计结果进行分析时，由于该模型的非线性特点，不能在其他条件不变的情况下单纯考虑某一控制变量对响应变量的影响。一般而言，估计解释变量 x 对整体概率的影响只需要系数估计值 β 的符号就可以获知这两者之间的关系，如果需要更加具体的变动关系，则要借助式（2.2）计算出边际影响。

$$\Delta P = G[\beta_0 + \beta_1(\overline{x_1} + \Delta x) + \beta_2\overline{x_2} + \cdots + \beta_k\overline{x_k}]$$
$$- G(\beta_0 + \beta_1\overline{x_1} + \beta_2\overline{x_2} + \cdots + \beta_k\overline{x_k}) \qquad (2.2)$$

其中，$G(\beta_0 + \beta_1\overline{x_1} + \beta_2\overline{x_2} + \cdots + \beta_k\overline{x_k})$ 为所有变量在平均水平下的整体概率发生值。$G[\beta_0 + \beta_1(\overline{x_1} + \Delta x) + \beta_2\overline{x_2} + \cdots + \beta_k\overline{x_k}]$ 为单一变量 x 相对于其平均水平发生变动时整体概率发生值。ΔP 即边际影响，用来说明单一变量 x 相对于其平均水平发生变动时整体概率变动值。

2. 变量说明

被解释变量为农村人口购买农村小额保险的意愿，用虚拟变量表示（愿意 =1，不愿意 =0），反映购买意愿之间的差异。解释变量一般包括个体与家庭特征变量等，具体包括：年龄、受教育程度、就业状况、家庭年收入、储蓄情况、人均拥有土地情况、来源地、保险认知及风险情况等。解释变量取值见表 2 - 4。

表 2 - 4   解释变量的取值说明

变量	取值说明	注释
X_1	$X_1 = 1$ 为 20 岁以下；$X_1 = 2$ 为 20 ~ 29 岁；$X_1 = 3$ 为 30 ~ 39 岁；$X_1 = 4$ 为 40 ~ 49 岁；$X_1 = 5$ 为 50 ~ 59 岁；$X_1 = 6$ 为 60 岁以上	年龄
X_2	$X_2 = 1$ 小学及以下；$X_2 = 2$ 为初中；$X_2 = 3$ 为普高；$X_2 = 4$ 为中专、职校；$X_2 = 5$ 为大专及以上	受教育程度
X_3	$X_3 = 1$ 赋闲在家；$X_3 = 2$ 纯务农；$X_3 = 3$ 不务农但灵活就业；$X_3 = 4$ 务农且灵活就业；$X_3 = 5$ 不务农但有稳定工作；$X_3 = 6$ 有稳定工作兼务农	就业状况
X_4	$X_4 = 1$ 为 3 000 元以下；$X_4 = 2$ 为 3 000 ~ 5 000 元；$X_4 = 3$ 为 5 000 ~ 1 万元；$X_4 = 4$ 为 1 万 ~ 2 万元；$X_4 = 5$ 为 2 万元以上	家庭年收入
D_1	$D_1 = 1$ 有储蓄；$D_1 = 0$ 无储蓄	储蓄情况
X_5	$X_5 = 1$ 无；$X_5 = 2$ 为 1 亩以下；$X_5 = 3$ 为 1 ~ 2 亩；$X_5 = 4$ 为 2 亩以上	人均拥有土地情况
X_6	$X_6 = 1$ 不知道；$X_6 = 2$ 知道但不了解；$X_6 = 3$ 比较了解；$X_6 = 4$ 非常清楚	保险认知水平
D_2	$D_2 = 1$ 有；$D_2 = 0$ 无	保单持有情况
D_3	$D_3 = 1$ 遭遇过财产或人身风险；$D_3 = 0$ 平平安安	近三年风险情况
D_4	$D_4 = 1$ 苏南，$D_4 = 0$ 苏北苏中	来源地

（四）估计结果与分析

1. 估计结果

农村小额保险购买意愿的 Probit 估计结果见表 2 - 5。表中各解释变量的回归系数表明其可信度，边际影响则表示单位解释变量对被解释变量的影响程度。

表 2 - 5 农村小额保险购买意愿的 **Probit** 估计结果

变量	模型估计结果		
	回归系数	Z 值	边际影响
C	0.2567	0.3457	——
X_1 年龄	- 0.4071 ***	- 4.5432	- 0.1065
X_2 受教育程度	- 0.2014 **	- 2.573	- 0.0598
X_3 就业状况	- 0.0431	- 0.8531	- 0.0146
X_4 家庭收入	- 0.0561	- 0.3675	- 0.0095
D_1 储蓄情况	0.0621	0.1855	0.01276
X_5 人均拥有土地情况	- 0.1132	- 1.0641	- 0.0317
X_6 保险认知水平	0.9416 ***	5.5311	0.2457
D_2 保单持有情况	0.0921	0.4326	0.0278
D_3 近三年风险情况	1.3415 ***	7.3257	0.3765
D_4 来源地	0.4152 *	1.5327	0.0943
对数似然值	- 152.4652		
LR 统计量	164.53		

注：*** 、** 、* 分别表示估计参数检验的显著性水平为 1% 、5% 、10% 。

2. 结果分析

表 2 - 5 结果表明：

（1）年龄对农村小额保险购买意愿的影响为负，并在 1% 的水平上统计显著。根据边际影响判断，农村人口购买小额保险的可能性随着年龄的增加而减少，且年龄每上升一个区间，购买意愿就会降低 11% 。这意味着年轻者由于保险与风险认知水平更强，更习惯于积极进行风险管理，而保险作为一种有效的风险转移工具，受其关注在情理之中。而年长者由于"养儿防老"的思想以及深信土地的保障功能，通常无意寻求更新颖且更为有效的风险转移方式。

（2）受教育程度同样是比较重要的解释变量，该变量对于农村小额保险购买意愿的影响为负，并在5%的水平上统计显著。边际影响表明，受教育程度越低者，其购买的可能性越强。在农村，受教育程度越高者通常具有稳定的工作和较高的收入，一般已经参加社会保险，即便意愿投保商业保险，也是更倾向于购买具有更高保障水平的保险产品，而不是低保障水平的小额保险。

（3）保险认知水平和近三年的风险状况对于农村小额保险购买意愿的影响均在1%的水平上统计显著，这与实际调查所反映的情况比较一致。一方面，对于保险比较认可者通常更具有购买意愿，而不了解保险或对保险不认可者购买意愿较弱；另一方面，近三年来遭遇风险者更希望寻求有效的处理风险方法，以免家庭因遭遇风险陷入贫困的境地，这一愿望在风险损失程度较大或风险发生频率较高的被调查者中尤为明显；相比之下，近三年平平安安者对小额保险购买意愿较弱。

（4）相比较于苏中苏北地区农村人口，苏南地区农村人口对小额保险购买意愿更强，这受到收入水平、保险认知水平以及地方保险市场发达程度的影响。

此外，表2-5可以看出，越是拥有稳定工作、家庭收入越高、拥有土地越多的农村人口，其购买意愿越弱，但是影响并不显著，这是因为稳定工作者通常已经具备社会保险，拥有基本保障，所以对同样只能提供低保障的小额保险购买意愿不强；而家庭收入越高者一部分对保障水平更高的产品需求更强些，另一部分认为自身有足够的能力应付风险；人均拥有土地越多的农户通常更加深信土地的保障功能，风险应对方式更为传统，因此对于保险等化解风险的手段不甚了解。储蓄和保单持有情况对于购买意愿影响为正，这表明，越有购买力的农村人口越具有投保欲望，但由于储蓄越高者通常会追求更高保障或认为自身有一定的储蓄应对风险，所以该因素影响并不明显；保单持有情况的影响为正，这表明，整体来看，持有保单者因为更了解保险的功能，因而更能接受保险产品，但由于目前保险服务水平不如人意，以及可选择的小额保险险种偏少等现实原因，该因素的影响同样不显著。

研究借助江苏省内农村相关调查数据，利用 Probit 模型验证了相关因素对农村人口购买小额保险意愿的影响方向与程度。结果表明农村人口购买意愿受到个人特征、家庭特征以及保险与风险认知水平的影响。首先，年龄、受教育程度、保险认知、近三年风险状况以及来源地等因素的影响较为明显，其中年龄和受教育程度的影响为负，其他因素的影响为正；其次，就业状况、家庭收入、储蓄情况、人均拥有土地情况以及保单持有状况等因素的影响不太显著，但从模型估计结果可以初步判断，储蓄状况和保单持有情况与农村人口购买小额保险意愿之间呈正相关关系。

为促进小额保险需求，推动农村小额保险的发展，基于模型估算结果，提出以下几点政策建议：一是充分考虑农村人口保费承担能力，集中资源开发该群体买得起的小额保险产品，将潜在需求逐渐转化为现实需求，切实为农村人口提供人身和财产方面的保险保障；二是改善保险公司展业方式与服务水平，提高保险公司可信度，加强农村人口对保险的认同感；三是宣传商业保险的作用，尤其要让保险市场欠发达地区的农村人口了解社会保险与商业保险的区别，有效搭配社会保险与商业保险，从而使家庭拥有充分的保障。

二、农村小额保险投保意愿的性别差异分析

"三农"保险理论研究成果中关于农村居民保险保障的文献层出不穷，但已有研究通常将农村居民视为"中性"群体，忽略了性

别差异。课题组在江苏农村的实地调研中发现，农村女性与男性的风险结构并不相同，风险处理方式存在明显的性别差异，对于保险产品的需求同样有所差别，这一现象在低收入群体中尤其突出。在已有相关研究中，纳入了性别视角的文献并不多见，国内文献几乎难以获得。国外学者安贾利亚·班提亚、苏珊·约翰逊、迈克尔·J.麦考德、布兰登·马修斯（2010）认为女性是护理、家务等工作的主要承担者，但她们通常通过出售资产、依赖丈夫、让孩子辍学去打工赚钱等方式应对风险，这种风险管理方式极为传统与消极，往往会使女性陷入更加贫困的境地。因此，建议保险公司提供性别敏感度高的小额保险产品，如健康保险和人寿保险，既符合女性的需求，还可在获取巨额利润的同时，缓解她们的生存贫困问题。该研究虽然表明，农村女性比男性更需要小额保险的保障，但结论缺乏实证研究的支持。在农村小额保险投保意愿影响因素的实证研究方面，陈华（2009）基于广东部分地区的调研，对农户购买小额保险意愿的影响因素进行了实证研究，结果表明，农户的受教育程度、收入水平和储蓄状况对于小额保险购买意愿具有明显的影响。进一步建立实证模型初步分析了影响农村小额保险投保意愿的主要因素。研究结果表明，年龄、受教育程度、保险认知水平、近三年的风险情况以及来源地等因素对农村居民投保小额保险的意愿具有显著影响，而就业状况、家庭年收入、储蓄情况、人均拥有土地情况以及保单持有状况等因素的影响不太显著。类似研究证明了年龄、文化程度、保险与风险状况等因素对农村居民投保小额保险的影响，这对本研究有所启示。下面将借助江苏农村的调查数据，对农村居民投保小额保险的性别差异进行统计特征描述，并建立Probit模型来研究个体与家庭特征、保险认知与风险状况对不同性别农村居民投保小额保险的不同影响。

（一）变量说明与模型构建

1. 变量说明

被解释变量为农村小额保险投保意愿，用虚拟变量表示（愿意投保=1，不愿投保=0），反映投保意愿的差异。

相关研究表明，农村居民小额保险投保意愿受到其受教育程度、收入水平、储蓄状况等因素的影响（陈华，2009）。实地调研发现，个体特征及家庭经济特征之外，农村居民的投保意愿还受到其风险状况与保险认知水平的影响。此外，非农就业、医疗支出、企业主融资水平等方面的大量研究结果表明女性和男性在做经济决策时存在明显的差异（刘妍，2007；宋璐、左冬梅，2010；阎竣，2011），在农村小额保险投保意愿方面，该结论是否同样成立值得验证。为此，下面拟从个体与家庭特征、风险与保险认知等方面寻求影响农村小额保险投保意愿的诸多因素，具体包括：性别、年龄、受教育程度、就业状况、家庭年收入、储蓄情况、人均拥有土地情况、来源地、保险认知及风险情况等。解释变量取值见表2－6。

表2－6　　　　　　　　　　解释变量的取值说明

变量	取值说明	变量解释
X_1	$X_1=1$ 男性；$X_1=0$ 女性	性别
X_2	$X_2=1$ 为20岁以下；$X_2=2$ 为 $20\sim29$ 岁；$X_2=3$ 为 $30\sim39$ 岁；$X_2=4$ 为 $40\sim49$ 岁；$X_2=5$ 为 $50\sim59$ 岁；$X_2=6$ 为60岁以上	年龄
X_3	$X_3=1$ 小学及以下；$X_3=2$ 为初中；$X_3=3$ 为普高；$X_3=4$ 为中专、职校；$X_3=5$ 为大专及以上	受教育程度
X_4	$X_4=1$ 赋闲在家；$X_4=2$ 纯务农；$X_4=3$ 不务农但灵活就业；$X_4=4$ 务农且灵活就业；$X_4=5$ 不务农但有稳定工作；$X_4=6$ 有稳定工作兼务农	就业状况

变量	取值说明	变量解释
X_5	$X_5=1$ 为 3 000 元以下；$X_5=2$ 为 3 000 ~ 5 000 元；$X_5=3$ 为 5 000 ~ 1 万元；$X_5=4$ 为 1 万 ~ 2 万元；$X_5=5$ 为 2 万元以上	家庭年收入
X_6	$X_6=1$ 有储蓄；$X_6=0$ 无储蓄	储蓄情况
X_7	$X_7=1$ 无；$X_7=2$ 为 1 亩以下；$X_7=3$ 为 1 ~ 2 亩；$X_7=4$ 为 2 亩以上	人均拥有土地情况
X_8	$X_8=1$ 不知道；$X_8=2$ 知道但不了解；$X_8=3$ 比较了解；$X_8=4$ 非常清楚	保险认知水平
X_9	$X_9=1$ 有；$X_9=0$ 无	保单持有情况
X_{10}	$X_{10}=1$ 遭遇过财产或人身风险；$X_{10}=0$ 平平安安	近三年风险情况
X_{11}	$X_{11}=1$ 苏南；$X_{11}=0$ 苏中苏北	来源地

研究性别差异，如果只将性别作为变量之一，进行不含交叉项的模型估计，结果只能反映农村小额保险投保意愿是否存在性别差异，不能检验各变量是如何对不同性别投保意愿产生影响的。这是因为不含交叉项的模型一个隐含的假设就是各变量对投保意愿的影响不存在性别差异，这一假设显然不合实情。因此，本研究将在模型中加入性别变量与其他变量的交叉项，来说明各变量对不同性别投保意愿所产生的不同影响。变量 X_{12} ~ X_{21} 分别用来表示性别与年龄、受教育程度、就业状况、家庭年收入、储蓄情况、人均拥有土地情况、保险认知水平、保单持有情况、近三年风险情况以及来源地的交叉项。

2. 模型构建

本研究采用 Probit 模型，形式如下：

$$p(y=1 \mid x) = G(\beta_0 + x\beta) = G(\beta_0 + \beta_1 x_1 + \beta_2 x_2 + \cdots + \beta_k x_k)$$

$$(2.3)$$

式（2.3）中，p 表示概率，y = 1 表示愿意投保，G 是标准正态分布函数，$\beta(\beta_1, \beta_2, \cdots, \beta_n)$ 是系数估计值，$x(x_1, x_2, \cdots, x_n)$ 是解释变量。

具体而言，本研究不含交叉项的模型为：

$$p(y = 1 \mid x) = G(\beta_0 + \beta_1 x_1 + \beta_2 x_2 + \beta_3 x_3 + \beta_4 x_4 + \beta_5 x_5 + \beta_6 x_6 \\ + \beta_7 x_7 + \beta_8 x_8 + \beta_9 x_9 + \beta_{10} x_{10} + \beta_{11} x_{11}) \quad (2.4)$$

含交叉项的模型为：

$$p(y = 1 \mid x) = G(\beta_0 + \beta_1 x_1 + \beta_2 x_2 + \beta_3 x_3 + \beta_4 x_4 + \beta_5 x_5 + \beta_6 x_6 \\ + \beta_7 x_7 + \beta_8 x_8 + \beta_9 x_9 + \beta_{10} x_{10} + \beta_{11} x_{11} + \beta_{12} x_{12} \\ + \beta_{13} x_{13} + \beta_{14} x_{14} + \beta_{15} x_{15} + \beta_{16} x_{16} + \beta_{17} x_{17} \\ + \beta_{18} x_{18} + \beta_{19} x_{19} + \beta_{20} x_{20} + \beta_{21} x_{21}) \quad (2.5)$$

（二）估计结果与分析

不含交叉项的模型估计结果见表 2 - 7 模型 1。结果表明，在其他变量保持不变的情况下，农村男性投保小额保险的意愿比女性低 8.24%，其他解释变量对应参数的符号基本符合常理。包含性别与其他变量交叉项的模型估计结果见表 2 - 7 模型 2。从交叉项前面参数的估计结果来看，个体与家庭特征、保险认知与风险状况等变量对不同性别农村居民投保小额保险意愿的影响有所不同。在其他变量保持平均值的情况下，农村男性投保小额保险的意愿比女性低 49%[①]，与模型 1 的估计结果并不一致，这进一步表明在研究性别差异时，检验性别变量与其他变量的交叉项影响是必要的。

---

① 由于性别交叉项的使用，单纯以性别变量的边际影响衡量性别对整体概率的影响存在偏差，需要同时考虑其他变量在均值时性别的偏效应。

表 2-7　农村小额保险投保意愿性别差异的 Probit 估计结果

变量	模型 1（不含交叉项）			模型 2（含交叉项）		
	系数	z 值	边际影响	系数	z 值	边际影响
C	0.8245	1.86	—	-0.7275	0.49	—
X_1 性别	-0.3456	-0.32	-0.0824	-1.0765 **	-5.64	-0.2576
X_2 年龄	-0.4322 ***	-4.87	-0.1021	-0.4636 **	-2.46	-0.1024
X_3 受教育程度	-0.2256 ***	-2.43	-0.0554	-0.3175 *	-1.75	-0.0664
X_4 就业状况	-0.0284	-0.43	-0.0077	-0.1926	-1.46	-0.0465
X_5 家庭收入	-0.0275	-0.26	-0.0072	-0.0786	-0.52	-0.0135
X_6 储蓄情况	-0.0526	-0.29	-0.0136	0.2836	0.61	0.0657
X_7 人均拥有土地情况	-0.0359	-0.32	-0.0090	0.2076	0.79	0.0476
X_8 保险认知水平	0.9307 ***	5.46	0.2330	1.5643 ***	3.84	0.3347
X_9 保单持有情况	0.0822	0.41	0.0202	0.0176	0.04	0.0032
X_{10} 近三年风险情况	1.1754 **	6.08	0.3656	1.4956 **	3.76	0.2342
X_{11} 来源地	0.8125	1.15	0.0276	-0.4546	-1.36	-0.0979
X_{12} 性别 × 年龄	—	—	—	0.0247	0.09	0.005
X_{13} 性别 × 受教育程度	—	—	—	0.1887	0.82	0.0436
X_{14} 性别 × 就业状况	—	—	—	-0.3098 *	-1.97	-0.0687
X_{15} 性别 × 家庭收入	—	—	—	0.0089	0.04	0.0028
X_{16} 性别 × 储蓄情况	—	—	—	-0.5058	-0.83	-0.1083
X_{17} 性别 × 人均拥有土地情况	—	—	—	-0.2987	-0.91	-0.0642
X_{18} 性别 × 保险认知水平	—	—	—	-0.8531 *	-1.86	-0.1859
X_{19} 性别 × 保单持有情况	—	—	—	0.0593	0.18	0.0131
X_{20} 性别 × 近三年风险情况	—	—	—	-0.2474	-0.68	-0.1256

变量	模型 1（不含交叉项）			模型 2（含交叉项）		
	系数	z 值	边际影响	系数	z 值	边际影响
X_{21} 性别 × 来源地	—	—	—	0.8248	1.72	0.1441
对数似然值	− 128.5474			− 109.9854		
LR 统计量	194.46			231.54		

注：***、**、*分别表示估计参数检验的显著性水平为 1%、5%、10%。

模型 2 的估计结果表明，年龄对于农村男性和女性投保小额保险意愿的影响均为负，并在 5% 的水平上统计显著。根据边际影响来判断，农村女性对小额保险的投保意愿随着年龄的增长而降低，且年龄每提高一个区间，女性投保意愿就减少 10.24%，年龄对外来农村男性投保小额保险的影响同样呈现出负相关，年龄每提高一个区间，男性投保意愿就降低 9.74%[①]。这一结论意味着年轻者由于保险与风险认知水平更强，更习惯于积极进行风险管理，而保险作为一种有效的风险转移工具，受其关注在情理之中。而年长者由于"养儿防老"的思想以及深信土地的保障功能，通常无意寻求更新颖且更为有效的风险转移方式。

受教育程度同样是一个非常重要的解释变量，受教育程度对于农村男性和女性投保小额保险意愿的影响均为负，并在 10% 的水平上统计显著。边际影响表明，受教育程度高的女性比受教育程度低的女性投保小额保险的意愿低 6.64%，受教育程度高的男性比受教育程度低的男性投保小额保险的意愿低 2.28%。这与调研获得的直观感受基本一致，在农村，受教育程度越高者通常具有稳定的工作

---

①　在含交叉项的情况下，某一变量的变动对于男性从事非正规就业的概率影响用该变量对应的边际影响加上性别与该变量交叉项对应的边际影响来表示。而对女性从事非正规就业的概率影响直接用该变量对应的边际影响来表示。

和较高的收入，一般已经参加社会保险，即便意愿投保商业保险，也是更倾向于购买具有更高保障水平的保险产品，而不是低保障水平的小额保险。

保险认知水平对农村男性和女性投保小额保险意愿的影响明显，且对女性的影响更加显著。这表明，相比较于男性而言，女性更加注重家庭成员的风险状况与保险保障，在获得一定的保险认知能力时，通常更愿意通过购买保险的方式为家庭及其成员提供保障。这与调查结果基本一致，也符合经验判断，调查显示女性更加关注家庭成员及财产的安全，而男性通常更加注重家庭收入水平的提高。此外，近三年风险状况对农村居民投保小额保险意愿的影响同样呈现出明显的性别差异，在近三年发生风险的被调查者中，女性更加积极地寻求有效的风险转嫁方式。其他变量对农村居民投保小额保险意愿的影响呈现出一定的性别差异，但不够显著。

上面借助江苏省农村居民的调查数据，利用 Probit 模型验证了个体与家庭特征、保险认知与风险状况等变量对不同性别农村居民投保小额保险意愿产生的影响。研究发现，在其他变量保持不变的情况下，农村男性投保小额保险的意愿比女性低 49%，而农村居民个人的年龄、受教育程度、保险认知与近三年的风险状况等变量对其投保小额保险的影响呈现出显著的性别差异。来源地、家庭收入等变量的影响呈现出一定的性别差异，但不够显著。

研究表明，相比较于男性，农村女性更加关注家庭及其成员的安全，而男性更加注重外出寻求更好的工作，从而实现收入水平的提高，这一现象在低收入群体中更为常见。这表明传统的"男主外，女主内"的家庭分工模式在当前的农村小额保险市场上同样存在。建议保险公司在进行充分调研的基础上，尽可能地提供性别敏感度高的小额保险产品，并通过有效的方式增强农村居民，特别是女性的风险防范意识与保险认知水平；结合年龄等因素开发有差异性的、适销对路的产品；并积极改善展业方式与服务水平，提高保险公司可信度，加强农村居民对商业保险的认同感。这将使得保险公司在为农村女性及其家庭提供保险保障的同时，获得新的利润增长点，从而实现供求方的"双赢"，促进农村小额保险的可持续发展。

三、欠发达地区农村小额保险购买意愿影响因素的实证分析

调查表明，相比较于发达地区农村，欠发达地区农民受社会保障水平与收入约束，应对风险的能力相对较弱。农村小额保险在欠发达地区更具有推广的意义与价值。下面拟进一步考察影响欠发达地区农村居民投保小额保险意愿的诸多因素，并提出以下研究假说。

假说1：人口学与社会特征会影响农村居民投保小额保险的意愿。（1）性别：相关研究表明，在中低收入群体中，女性较男性更注重为家庭财产及其成员寻求保障；（2）年龄：随着年龄增长，由于传统保障意识的影响，人们更加习惯于"养儿防老"或"以土地换保障"，因此，对商业保险需求意愿较弱；（3）受教育程度：文化程度较高者一般会对保险有更加科学的认知，从而投保意愿更强，但该因素对于农村居民投保小额保险意愿的影响方向同样有待验证。

假说2：经济因素会影响农村居民投保小额保险的意愿。（1）就业状况：拥有正式工作的农村居民，可能会由于参加社会保险，已经获得基本保障，对同样只能提供低水平保障的小额保险需求较弱；（2）家庭年收入：小额保险目标群体是中低收入阶层，因此，当收入低于或超过一定程度后，影响方向可能会转变；（3）储蓄情况：具有一定储蓄的农村居民拥有更强的支付能力，但对小额保

投保意愿的影响不确定;(4)人均拥有土地情况:土地越多的农村居民,一般会拥有更多生产性工具,因此对小额保险,尤其是小额财产保险的需求更强。

假说3:风险与保险的知识因素会影响农村居民投保小额保险的意愿。(1)保险认知情况:对保险有正确认识的农村居民更具投保意愿;(2)保单持有情况:影响方向很难确定,一般而言,对保险有科学认知且获得较为理想保险服务者通常更愿意投保保险,反之则更加不愿意投保;(3)近三年风险状况:近几年遭遇过财产或人身风险者理论上更具投保意愿。

(一) 样本的描述性分析

下面将基于欠发达地区样本进行研究,样本统计特征描述如下。

欠发达地区样本中,男女分别占53.73%与46.27%,以中青年为主。其中近半数是3口之家,家中主要劳动力2人。家庭年收入有51.24%在2万元以上;其次是1万~2万元之间;3 000元以下有5户,占2.49%。就业状态方面,赋闲在家者19人,占9.45%;纯务农者21人,占10.45%;灵活就业者共62人,占30.85%;具有稳定工作者99人,占49.25%。63.18%的被调查者家中有一定的储蓄,但储蓄金额一般较少,仅能应对较小损失的风险。人均拥有1亩左右土地者居多,有56户家庭人均拥有土地在2亩以上,占27.86%;另有17户无耕地,占8.46%。

在了解农村居民对保险特别是对农村小额保险的认知情况时发现,知晓者对保险了解的渠道主要是营销员上门推销、亲友口口相传,以及媒体宣传等,属于主动了解者不足10%。从保单持有情况看,66.17%的农村居民家中无商业保单,其中近一半未投保的主要原因是"没有余钱"或者"对保险公司不了解、不信任";近

28%的被调查者是因为"已经参保社会保险";此外"家庭能够承担可能遇到的风险""无合适的险种""周围买保险的人很少"等也是未投保的常见原因。目前,农村居民持有的保单主要是养老保险、医疗保险与意外伤害保险三大类。近三年面临的风险依次是:"生小病看门诊""大病住院""意外伤害",面临"财产损失"的仅有4户。绝大部分农村居民在遭遇风险时,会选择"自己承担";其次是"亲友帮忙";极少数被调查者曾经获得相应的保险理赔;其余是通过"政府救济"等其他途径弥补损失。

调查结果显示,农村居民对农村小额保险的投保意愿较高。在问及"若有一种保险,只需要一次性交纳几十元保费就可以得到一定的保障(保财产、保健康、保意外等),您是否愿意购买"时,愿意购买者占当地调查总数的61.19%。

(二)欠发达地区农村小额保险投保意愿影响要素的实证分析

1. 模型设定与变量说明

研究采用Probit模型,具体同上。解释变量的取值说明见表2-8。

表2-8 解释变量的取值说明

变量	取值说明	注释
X_1	$X_1 = 1$ 男性;$X_1 = 0$ 女性	性别
X_2	$X_2 = 1$ 为20岁以下;$X_2 = 2$ 为20~29岁;$X_2 = 3$ 为30~39岁;$X_2 = 4$ 为40~49岁;$X_2 = 5$ 为50~59岁;$X_2 = 6$ 为60岁以上	年龄
X_3	$X_3 = 1$ 小学及以下;$X_3 = 2$ 为初中;$X_3 = 3$ 为普高;$X_3 = 4$ 为中专、职校;$X_3 = 5$ 为大专及以上	受教育程度
X_4	$X_4 = 1$ 赋闲在家;$X_4 = 2$ 纯务农;$X_4 = 3$ 不务农但灵活就业;$X_4 = 4$ 务农且灵活就业;$X_4 = 5$ 不务农但有稳定工作;$X_4 = 6$ 有稳定工作兼务农	就业状况

变量	取值说明	注释
X_5	$X_5 = 1$ 为 3 000 元以下；$X_5 = 2$ 为 3 000～5 000 元；$X_5 = 3$ 为 5 000～1 万元；$X_5 = 4$ 为 1 万～2 万元；$X_5 = 5$ 为 2 万元以上	家庭年收入
X_6	$X_6 = 1$ 有储蓄；$X_6 = 0$ 无储蓄	储蓄情况
X_7	$X_7 = 1$ 无；$X_7 = 2$ 为 1 亩以下；$X_7 = 3$ 为 1～2 亩；$X_7 = 4$ 为 2 亩以上	人均拥有土地情况
X_8	$X_8 = 1$ 不知道；$X_8 = 2$ 知道但不了解；$X_8 = 3$ 比较了解；$X_8 = 4$ 非常清楚	保险认知水平
X_9	$X_9 = 1$ 有；$X_9 = 0$ 无	保单持有情况
X_{10}	$X_{10} = 1$ 遭遇过财产或人身风险；$X_{10} = 0$ 平平安安	近三年风险情况

2. 模型估计及影响要素作用机制分析

从表 2-9 模型的估计结果可以看出，性别对于农村小额保险投保意愿产生一定影响，并在 1% 的水平上统计显著。根据边际影响来判断，农村女性对于投保小额保险的意愿更为强烈。年龄对农村小额保险投保意愿的影响同样呈现出负相关，并在 5% 的水平上统计显著。这一结论意味着年轻者由于保险与风险认知水平更强，更习惯于积极进行风险管理，而保险作为一种有效的风险转移工具，受其关注在情理之中。而年长者由于"养儿防老"的思想以及深信土地的保障功能，通常无意寻求更新颖且更为有效的风险转移方式，这与调研获得的直观感受基本一致。

家庭收入同样是一个非常重要的解释变量，该变量对于农村小额保险投保意愿的影响为负。这是由于收入较高者一般具备优越的工作或稳定可观的收入来源，通常已经参加社会保险，即便意愿投保商业保险，也是更倾向于投保具有更高保障水平的保险产品，而不是低保障水平的小额保险。

表 2 - 9　　欠发达地区农村小额保险投保意愿影响要素的 **Probit** 估计结果

变量	模型估计结果		
	回归系数	Z 值	边际影响
C	2.2624	1.8313	—
X_1 性别	- 1.4318 ***	- 4.1345	- 0.3720
X_2 年龄	- 0.5130 **	- 3.7364	- 0.1529
X_3 受教育程度	0.1528	1.0173	0.0455
X_4 就业状况	- 0.0689	- 0.6612	- 0.0205
X_5 家庭收入	- 0.2538 *	- 1.7657	- 0.0757
X_6 储蓄情况	- 0.1468	- 0.3843	- 0.0424
X_7 人均拥有土地情况	- 0.1382	- 0.8725	- 0.0412
X_8 保险认知水平	0.4897 *	1.7598	0.1459
X_9 保单持有情况	0.8777 **	2.5290	0.2224
X_{10} 近三年风险情况	1.6894 ***	4.8257	0.5621
对数似然值	- 53.2755		
LR 统计量	122.59		

注：***、**、*分别表示估计参数检验的显著性水平为1%、5%、10%。

保险认知水平、保单持有情况与近三年的风险状况对于农村小额保险投保意愿的影响均为正，且统计显著，这与实际调查所反映的情况比较一致：一方面，对于保险比较认可者通常更具有投保意愿，而不了解保险或对保险不认可者投保意愿较弱；另一方面，持有保单者因为更了解保险的功能，因而更能接受保险产品，这一认同感在通过保险切实得到保障，特别是经济补偿的被调查者中更为明显；此外，近三年遭遇过风险的农村居民对农村小额保险产品的投保意愿更为强烈，且农村居民的风险构成在很大程度上影响其对具体小额保险产品的需求。调查结果显示，农村居民主要的风险集中在"生小病看门诊""大病住院""意外伤害"等方面，相应地，其对"意外伤害保险""健康保险""人寿保险"投保意愿较强，而为了得到较为全面的保障，"小额综合保险"也广受欢迎。

从表2-9还可以看出，越是受教育程度越低、拥有稳定工作、拥有储蓄且土地越多的欠发达地区农村居民，其购买意愿越弱，但是影响并不显著。这是因为受教育程度较低者，保险认知能力与风险识别能力不强，而且大多是年长者，因而更习惯于借助家庭其他成员或通过其他途径进行损失的补偿，其小额保险投保需求通常较弱；稳定工作者通常已经具备社会保险，拥有基本保障，所以对同样只能提供低保障的小额保险购买意愿不强；储蓄对于投保意愿影响为负，这表明，凭自身能力难以应对未来风险的农村居民越具有投保欲望，期望通过缴纳较少的保费，获得一定时期一定程度的保险保障，但由于极少的保费也会影响到该群体的正常生产与生活，所以，该因素的影响并不明显；人均拥有土地越多者通常更加深信土地的保障功能，风险应对方式更为传统，因此对于保险等化解风险的手段不甚了解。

基于江苏省欠发达地区的调研数据，利用 Probit 模型验证了人口学与社会特征、经济、保险认知与风险状况等要素对欠发达地区农村居民投保小额保险意愿产生的影响。研究发现，性别、年龄、家庭收入、保险认知水平、保单持有情况以及近三年的风险情况等因素对欠发达地区农村居民投保小额保险的意愿具有显著影响。基于此，研究提出以下三点政策建议：（1）保险公司应在进行充分调研的基础上，尽可能地提供性别敏感度高的小额保险产品，并结合年龄等因素开发有差异性的、适销对路的产品，既符合欠发达地区农村居民的实际需求，又可以通过创新产品获取新的利润增长点；（2）应充分考虑欠发达地区农村居民保费承担能力，集中资源开发目标群体需要又买得起的小额保险产品，将潜在需求逐渐转化为现实需求，切实为其提供人身和财产方面的保险保障；（3）积极改善展业方式与服务水平，提高保险公司可信度，加强欠发达地区农村居民的保险认知水平以及对商业保险的认同感。这将使得小额保险供给主体在为目标群体提供保险保障的同时，获得巨额利润，从而实现供求方的"双赢"。

第二节　农业保险发展模式选择与典型案例分析

在中国，农业保险是农村小额财产保险的重要内容，有助于解决"三农"问题。农业保险是市场经济国家扶持农业发展的通行做法。通过政策性农业保险，可以在世贸组织规则允许的范围内，代替直接补贴对我国农业实施合理有效的保护，减轻加入世贸组织带来的冲击，减少自然灾害对农业生产的影响，稳定农民收入，促进农业和农村经济的发展。

一、农业保险发展的模式选择

我国农业面临的各类灾害事故相当频繁，由此引致的损失相当严重。根据《中国统计年鉴》（2017）的资料显示，2016 年我国农作物受灾面积为 2 622 万公顷，绝收面积为 290 万公顷，占总播种面积的 17.50% 左右。在我国加入 WTO（世贸组织）之后，农业保险作为现代农业发展的三大支柱，加快其发展对于分散农业风险、促进农业和农村经济的发展具有十分重要的现实意义。在农业保险发展初期，我国只有中国人保和中华联合保险公司（原新疆兵团财产保险公司）等少数保险公司开展农业保险业务。作为准公共物品，农业保险若按照商业保险模式经营，保险公司无力也不愿承担风险较大的农业保险责任，农业险将处于尴尬境地——按商业化的操作要求，农民保不起；按农民可以保得起的标准制定保险单，保险公司又赔不起。因此，如何适应现代农业和农村经济发展的要求，借鉴国外农业保险发展的模式，建立适合中国国情的农业保险发展模式就成为迫切需要解决的重要课题。

（一）国外农业保险的模式

1. 西方发达国家的农业保险模式

（1）美国、加拿大模式——政府主导模式

政府主导模式的主要特点是以国家专门保险机构主导和经营政策性农业保险，有健全的农作物保险的法律、法规，农民均是自愿投保，农民对投保的农作物仅支付纯保费的一部分，其余部分由政府补贴。政府认捐农作物保险公司相当数额的资本股份，并负担一切经营管理费用，对其资本、存款、收入和财产免征一切赋税。除政府的农作物保险公司外，其他私营、联合股份保险公司、保险互助会也都可以在政府政策性农业保险的框架下经营一切农作物保险。

（2）日本模式——政府支持下的相互会社模式

采用政府支持下的相互会社模式的主要是日本，这种模式政策性很强，国家通过立法对关系重大的农作物和动物进行法定保险。直接经营的机构是不以营利为目的的民间保险合作会社，而政府所承担的主要责任是进行监督指导，为农业组合联合会提供再保险，通过大藏省给农业保险保费补贴和管理费补贴。

（3）苏联模式——政府垄断模式

苏联在将近 60 年的实践中，创造出一种比较独特的农业政策性保险模式，这种模式以集中统一的国家农业保险机构对全国农业保险实行垄断和强制保险，但同时也开设自愿保险项目。政府为农业保险提供一大笔基金，并补贴一大部分经营管理费，保费收入全部免税也不上缴财政，支付赔款和防灾费用及小部分管理费用后全部留存作为准备金积累，以应付巨灾赔款。

（4）西欧模式——民办公助模式

一些欧盟国家如德、法、西班牙、荷兰主要采用这种模式，主要特点是没有全国统一的农业保险制度和体系，政府一般不经营农业保险，而是由私营公司、部分保险相互会社或保险合作社经营，但他们一般只经营雹灾、火灾或其他特定灾害保险。投保都是自愿的，农民自己支付保费，政府也给予一定的保费补贴。目前欧洲国家正考虑改变这种模式，建立类似美国、加拿大的模式。

2. 发展中国家的农业保险模式

亚洲一些发展中国家，如斯里兰卡、泰国、印度、菲律宾、孟加拉国等国主要采取国家重点选择性扶持模式。这些国家的农业政策性保险主要是政府或国家保险公司专门提供，参加保险多是强制性的（孟加拉国除外），由于多是试验，主要承保农作物，而很少承保畜禽等饲养动物，而且农作物也只选择本国的主要粮食作物水稻和小麦，其目的是确保粮棉生产的稳定。

通过以上的分析可以看出：不管是经济发达的西方国家，还是发展中国家，农业保险的发展都离不开政府的支持；发达国家和发展中国家在农业保险发展模式有其不同的特点。

（二）农业保险发展模式的历史分析

在我国农业保险发展初期，上海和新疆取得了一定的成功经验，其发展模式与其他地区不同，下面主要分析这两个地区的发展模式。

1. 上海农业保险的发展模式

上海农业保险的改革一直走在国内前列。1991 年，人保上海分公司开始经营农业保险业务，管理、经营模式是：各级政府推动、人保上海分公司代办、结余积累留地方，上海市地方财政在农户参加农业保险时给予一定补贴，并免征农业保险营业税。具体操作方法为：人保从保费中收取 8% 的代理费和 15% 的管理费（1994 年修正后的比率）；盈余和亏损由县市两级政府分担；市和区（县）建立农业风险基金，用于以丰补歉；地方政府有权减免营业税，1991 年起就对农业保险免税；以险养险，通过其他险种（建房险、寿险等）的收益来弥补农业保险的亏损。

为推动农业保险的顺利开展，上海市又在 1994 年及 2000 年进行了机构改革。但是基本上仍是按照商业化保险方式运作，尚未形成与一般商业保险相区别的政策性保险制度。2003 年，人保上市进行转制时，上海市政府终止了与人保上海分公司的代理协议。2004 年 3 月，中国保监会正式批准上海安信农业保险股份有限公司筹建，这是我国第一家专业性的股份制农业保险公司。安信农业保险公司是在原人保上海分公司农业保险业务的基础上筹建的，原班人马整体移植，但经营方式有所调整。新的专业农业保险公司将以各区（县）政府为投资主体，以历史积累的保险风险基金为单位进行参股，其股份比例将由现在各区（县）基金数额作为标准，新的股份公司将在逐年积累的基础上，按基金数进行适当分红。

由于种养两业的风险较高，因此，新的农业保险公司将坚持"以险养险"的经营思路，拓宽业务范围，但会确保种养险种的保费收入不低于公司全部保费收入的 60%。上海市政府表示将不断加大对农业保险的补贴范围和比例，并在出现大灾时给予可靠的财力支持。

2. 新疆农业保险的发展模式

人保新疆分公司连续 7 年农险业务总量居人保各省区市分公司首位，其农业保险改革力度在国内一直处于领先地位。目前，新疆除了人保分公司、中华联合保险公司（原新疆兵团保险公司）外，民政部门也开始涉足保险业务，农业保险市场表现极为活跃。

人保新疆分公司于 20 世纪 90 年代初逐步走上轨道，险种逐步多样化，保费收入在经历了起起伏伏后维持在 1 亿元左右，保险覆盖面进一步拓宽。作为对农业风险损失进行事后补偿的一种手段，农业保险已经成为新疆农业风险管理的重要组成部分。

地方财政的大力支持是人保新疆分公司的经营模式的一大特点，具体表现为：（1）对农业保险免除税费；（2）个别有财力的地方政府为个别险种提供保费补贴，如乌鲁木齐的菜篮子工程，保费曾经由市、县、农民各承担 1/3。

中华联合保险公司是我国较早试办经营农业保险的一家综合性的、区域性的、具有独立法人资格的保险公司。自 1986 年经中国人民银行总行批准建立以来，已经在新疆生产建设兵团范围内连续试办经营农业保险 18 年之久。该公司主要是利用兵团特殊管理体制对全系统内的粮、油、棉等主要作物实行长期、全面的统保，使得农险业务达到了相当规模。但在新疆农业保险推行过程中有"三低"原则：低保额、低保费、低保障，农户和保险公司均无政府补贴。

3. 上海和新疆农业保险发展模式的比较

（1）上海和新疆农业保险的发展都得到了政府的支持，但是，由于上海的经济比较发达，政府对农业保险支持力度要远远大于新疆。

（2）上海的农业保险具有高保额、高保费、高保障的特点，而新疆的农业保险具有低保额、低保费、低保障的特点。

（3）上海农业保险的保障对象是普通的农户，而新疆农业保险的保障对象主要是生产建设兵团的农场及其他农业企业。

（三）农业保险发展的模式选择

通过对国内外农业保险发展模式的分析可以看出，我国农业保险在发展初期离不开政府的支持，具体采取什么模式，主要有以下几种选择。

1. 政府主办、政府经营，建立农业保险公司的模式

目前，上海采取的就是这种模式。该模式是由政府主办并由政府设立相关机构从事农业保险经营，其优势是显而易见的。第一，农业保险本身作为准公共产品，比较适合由政府来办，在进行政府垄断性经营的同时，可以纠正市场作用偏弱的问题，实现资源优化配置；第二，政府运用其权威和国家管理的职能在农村进行强制性制度变迁，比较容易推行和为农民所接受；第三，可以在尽可能大的范围内推广，从而分散风险，提高偿付能力，降低经营成本。但这种保险模式也有几点弊病：第一，由于是国家投资，经营由政府补贴，使国有独资的政策性公司在制度创新、机制创新、管理创新、技术创新等方面都比较困难。第二，农业保险亏损的可能性比较大，这种亏损由中央政府负担，或与地方共同负担，使中央政府和地方政府之间、农业保险公司与地方政府之间的关系不好协调。最后，作为一家国有独资的政策性保险公司，政府的干预可以有效解决"市场失灵"的问题。

2. 政府主导下的商业保险公司经营模式

就是在我国政府统一制定的政策性经营的总体框架下，由各个商业性保险公司自愿申请经营农业保险和再保险。在政府支持下，由商业性保险公司来经营政策性农业保险有如下优势：第一，商业保险公司原本就有经营保险的技术和专业人才，政府能大大节省制度建立的成本。第二，商业性保险公司有了政府政策性补贴，还可

以开发农村保险市场，对经营政策性保险有很大的积极性。第三，商业性保险公司信誉好，从制度到技术都比较规范，容易获得农民的信任。在这种情况下，政府更有精力搞好监管工作，但是这种模式的主要弊病在于：第一，政府对农业保险的补贴，在很大程度上会困扰决策者，无论过多还是过少都会使政府受到指责。第二，如果没有很好的机制和方法解决基层政府对农业政策性保险经营的支持与协助，投保农户的道德风险与逆向选择问题都难以防范。最后，如果没有很好的机制和方法解决基层政府对农业保险的经营的支持与协助问题，该种模式在操作仍有较大的难度，特别是法定保险项目。

3. 政府支持下的合作社经营模式

该模式是由各级政府帮助组织和建立以被保险农民为主体的民间的农业保险合作组织或农业保险相互会社。这种模式的优点在于：第一，由于保险合作社是社员在自愿互利的基础上自主建立的自负盈亏、风险共担、利益共享的农业保险组织，因此，其经营灵活，可因地制宜设立险种，保险费不会很高，同时在保险费收取，防灾防损、灾后理赔等方面具有其他形式保险企业和组织不具备的优势。第二，由于保险人和被保险人集中于一身，利益高度一致，信息比较完全，可以有效防止被保险人的道德风险和逆选择现象发生。这种模式的弊端也很明显：第一，由于农业保险合作社规模一般较小，风险比较集中，保险补偿能力有限。第二，由于农业保险的专业性和技术性很强，其经营管理方面会遇到很大的障碍，资金筹集也会相对困难。第三，由于受经济、文化和其他因素的影响，我国很多地方的农民缺乏合作传统和意识，也缺乏自我组织能力，因此，建立规范的合作社比较困难。

4. 政府支持下的相互保险公司经营模式

这种模式的特点是由一定数量的发起人发起成立全国性"中

国农业相互保险公司"，在总公司之下，各省区市设立分公司和其他分支机构。这种模式的优势在于：第一，相互保险公司具有独立的法人产权制度、法人治理结构和科学管理制度，从而降低了交易成本，保证了资源的优化配置，也可以较好地避免政府的过度干预，有利于其自身发展。第二，由于投保人就是公司的投资者，许多对于股份制保险公司或其他商业性保险公司难以解决的矛盾（如展业难、承保难、理赔难等），在相互保险公司的条件下，相对容易解决。这种模式的主要弊病在于：第一，相互保险公司对我国还是一个全新的概念，其组建和操作方式，缺少实践经验；再加上经营农业保险业务风险较大，要从民间投资者那里募集足够多的初始资金并非易事。第二，由于没有政府的保费补贴，保险费率对于农户是否有足够的吸引力是个难题。第三，由于相互保险公司将所有者与客户的职能合二为一，经营结果的透明度不高。

以上是对中国建立农业保险模式探索的讨论，对于我国的具体国情来说，究竟建立哪一种模式来推广，不同的地区，不同的经济发展水平，不同的财政负担能力，不同的农户投保意愿，决定了模式的选择也不能搞"一刀切"，而需要区别对待。鉴于各地情况存在较大差异，农业保险的决策和经营主体可以下放到省区市。如何举办农业保险，由省、自治区和市根据本地情况自行决定，在统一的经营框架和总的原则下，各公司经营范围和强制及自愿保险的标的、保险水平、补贴水平等允许有差异。比如，在上海、广东、浙江、江苏等经济较发达的沿海地区，财政负担能力也相对较好，可以由政府组建专业性农业保险公司；而其他经济欠发达地区，比如中西部地区，则可以考虑采用由政府补贴的商业性保险公司经营模式。

二、农业保险发展初期政策性经营的对策研究

（一）建立政策性农业保险的必要性

1．理论基础

（1）农业保险产品的准公共物品性质

在市场经济体系中，人们需要的物品可以分为四类：第一类是私人物品；第二类是公共物品；第三类是自然垄断物品；第四类是共有资源。公共物品主要有六个方面的典型特征：效用上的不可分割性；生产经营上的规模性；消费上的无排他性；取得方式上的非竞争性；收益的外在性；利益计算上的模糊性。

那么，农业保险产品是否属于公共物品呢？农业保险产品在一定范围和时间内，其效用是可以分割的；农业保险的经营必须考虑规模经营，这是它的特点和规律决定的，只有进行规模经营，才能发挥规模经济的作用，减少经营失败和社会资源的浪费；农业保险在其消费过程中并不具有排他性；从竞争性方面来说，农业保险产品大部分不具有竞争性，农业生产的高风险，灾害发生的高频率和大范围导致了高损失，这就必然带出了高的保费率。过高的保费率会使农民心有余而力不足，从而在很大程度上抑制了有效需求，为了保证有效需求，可以降低保费率，但这样一来，保险公司就无法实现其利润最大化，短期内保险公司可以从其他险种的盈利中抽资弥补农业险的损失，但从长期看来，这绝不是明智之举。所以，如果将农业保险产品视为私人物品在竞争市场上进行交易，供求曲线是不可能相交的；从农业保险的收益性来看，农业保险的直接受益人是被保险的农户，而农产品的广大消费者是最终和最大的受益者。由此可见，农业保险产品具有经营上的规模性、取得方式上的

非集中性、收益上的外在性等公共产品的特点，在很大程度上接近公共物品；同时，农业保险产品又具有在一定范围和时间内效用的可分割性、在其消费过程中的非排他性等私人产品的特点，我们可以称为"准公共物品"。从这个意义上来说，农业保险如果完全实行商业化经营模式，必然导致市场失灵，所以应加快发展政策性农业保险。

（2）农业保险经营管理上的特殊性

农业保险在经营管理上要求比较高：①农业生产受自然、地理等因素影响，各地在受灾频率、程度及灾害种类上各不相同，所以，在确定保费率及理赔金额时需要有专业的评估，这就需要有相关的技术人才；②信息不对称易产生道德风险，农业保险标的受被保险人的控制，农业损失中的主观道德因素难以分辨，逆选择严重，保险人难以控制；③农业保险因其保险标的的特殊性，在实际操作过程中，保险公司很难独立进行，需要气象、工商、国税地税等部门的配合。

由此看来，农业保险具有经营管理上的特殊性。只有在政府主导下，才能建立完善的农业保险制度。从世界范围看，开展农业保险主要有四种模式：苏联的政府主导的社会保障型模式；西欧的政策优惠模式；美国的国家和私营、政府和民间相互联系的双轨制农业保险保障体系模式；日本的民间非营利团体经营、政府补贴和再保险扶持模式。以上模式大多是在政府补贴下开展的，是一种政策性保险。

2. 实践依据

（1）农业保险特殊的"公益性"——非营利性，与商业经营的终极目标——利润最大化之间的矛盾，使得商业经营模式缺乏经济学基础。农业的高风险对纯粹商业经营的保险公司来说是不可承保的风险。因而，农业保险应该考虑走政策性这条路。

（2）我国农业的基础性地位是不可以动摇的，一旦农业萎缩，人民温饱将得不到保障，更为严重的是，由于农业具有高度的产业相关度，其不景气最终会影响其他产业的发展，从而制约整个国民经济的发展。从这一点出发，政府应该加大农业保护力度。

（二）建立政策性农业保险制度面临的挑战

我国农业保险在发展初期存在着不少问题，主要表现在以下几方面。

1. 费率高、覆盖面小、成本高

目前，我国农业保险保障水平很低，费率高，严重抑制了农民的积极性；地区分割现象严重，风险并没有得到有效分散；高出险率、赔付率，不可避免的道德风险以及逆选择问题，使得运营成本居高不下。

2. 政府支持力度小

国外的四种主要模式大多有各国政府的扶持：苏联模式下，政府设立专门经营农业保险的机构；西欧模式下，政府不参与直接经营，但对农业保险给予税收方面的优惠；美国是通过保费补贴、业务费用补贴、再保险、免税等形式支持农业保险；日本的经营也是相当灵活的，结合采用强制与自愿投保方式，农户参保仅承担很小部分，大部分由政府承担。而在我国，与商业保险比较而言，农业保险只是免缴营业税，并无其他优惠。

3. 法律法规空缺

政策性农业保险法的缺位，使得司法没有科学的法律依据，遇到矛盾时，由于各方利益的不一致性，常常造成农业保险展业难、收费难，特别是理赔难。

4. 农民投保意识不强

对于大多数农民来说，保费是一项额外的支出，习惯了"靠天吃饭"的农民抱着侥幸心理，就是不愿意交这笔"莫名其妙"的钱。要加强农民的投保意识，就要从正面加大宣传力度，关键一点是要让投保人真正获益。

5. 缺乏相关人才

农业保险部门效益不理想使得很多人对这个行业不敢问津，统计显示，全国从事农业保险的专业人才不足万人，如此薄弱的队伍要处理好一系列的展业、核保、勘察、理赔工作当然是无能为力。人力不足影响了工作质量，进而影响了农险业务的深入。可见，农险人才的匮乏在很大程度上制约了我国农业保险的健康发展。

（三）农业保险发展初期政策性经营的可选模式与对策

1. 可供选择的模式

农业保险发展初期，有关方面对农业保险经营模式的探索主要有五种取向：政府主办、政府经营，建立农业保险公司；政府支持下的合作社保险经营模式；政府支持下的农业保险股份有限公司模式；政府支持下的相互保险公司模式；政府主导下的商业保险公司经营模式。这五种取向都带有一定的政策性倾向。就这五种取向而言，支持率较高的主要有两种：（1）政府主办、政府经营的模式。这种模式的基本格局就像社会保险，由政府主办并由政府设立相关机构从事经营；（2）政府主导下的商业保险公司经营模式。就是在我国政府统一制定的政策性经营的总体框架下，由各商业性保险公司自愿申请经营农业保险和再保险。表2-10列出了两种模式各自的利弊。从我国当时的财政负担状况和上海的实践来看，模式2是较好的选择。

表 2 - 10　　　　　　　　　　　　经营模式对比

模式	利	弊
1	规模经济效益，优化资源配置；易于分散风险；可利用政府权威及诱导机制实现强制投保	难以创新（制度、机制、技术等）；中央财政负担太重；可能出现政府失灵；运行时监督成本太高
2	利用现成机构或人员可节省制度建立或转换的成本；因有政府支持，商业保险公司不至于赔本太多；可借助连锁反应开拓农村寿险和产险市场	商业保险公司经营的积极性受政府补贴份额与方式的影响；投保农民的道德风险和逆选择问题难以防范；投保农户分散影响定损、理赔等工作的展开，最终可能导致高的赔付率

2. 在立法方面给予农业保险足够的政策扶持力度

农业保险要走政策性这条路，这就要求辅以相应的农业保险法律法规，我国目前农业保险的组织制度、业务经营方式和会计核算制度依然以《保险法》中对商业性保险的规范为准。因此，随着政策性保险制度的呼之欲出，相应法律法规也应尽快出台。国家应加强农业保险的立法，用法律、法规形式明确在开展农业保险中，政府的职能作用、经营主体资格、保险双方权利义务、会计核算制度、精算制度、财政补贴标准及计算方法、税收等，形成发展政策性农业保险的制度保证，避免政府支持农业保险的随意性，为发展农业保险创造良好的外部环境，同时不断提高农民的保险意识，规范投保人行为，减少"逆选择"，促进农业保险健康发展。

农业作为第一产业，是国民经济的基础，也是其他产业发展的有力保障，这就要求国家要切实关注农业发展，政策性农业保险制度的建立就是一种有益的尝试，但这种尝试绝不是浅尝辄止，而是一项长期工程。为了保证其健康的发展，需要在立法方面给予足够的政策扶持，但是法律法规的制定不是一蹴而就的事情，它需要结合实际适时补充、逐步完善。在国家《农业保险法》出台之前，应尽早制定出台地方性法规，明确政府办理农业保险的指导思想和基本原则，确立农业保险为政策性法定保险，并对农业保险的组织形式、保险金额的确定、保险费率的厘定、保险条款的核定、税收减免政策、财政补贴方式等做出相应规定①。

3. 具体运行机制

（1）多方筹资。从我国的实际出发，如果要开展政策性农业保险，政府可能难以承担巨大的补贴负担，因此，可以考虑拓宽筹资渠道。比如，政府可以将以往的救济和补贴转化为农业保费补贴；也可以建立农业保险风险基金，其筹集可考虑从以下渠道：从国家和地方政府已设立的"农业风险基金"中列支一部分，从民政和水利部门每年安排的救灾、防洪费用中划归一部分，从社会各界捐赠中拿出一部分，从农产品流通渠道中征收一部分。在保证赔付的前提下，可以进行适当的资金运用，以增强其实力。目的只有一个：加大政府扶持力度但不过分增加政府财政负担。

（2）投保方式。现阶段农民的收支水平使其将保险需求列于最后一位，如果不采取强制性的做法，无法保证大范围内动员农民参加从而达到最大限度分摊和补偿损失的目的。但任何来自上级的强制性的交费难免被视为摊派而无法得到农民的自发性支持。因此，在制度设计时需充分考虑农民的投保心理与规律，利用多种行政和经济手段吸引农民投保，以达到足够的投保率。可以借鉴大多数国家的做法，国际上凡是开办农业保险的国家，政府都将财政对农民的保费补贴、农业信贷、价格保护、农业灾害救济、生产调整等措施配套实行。甚至明确规定，不参加保险就不能贷款，不参加保险

---

① 陈学军，蒋志军. 创新发展普惠保险［N］. 中国保险报，2016 - 12 - 06，002.

就不能享受灾害救济。

（3）相关细项。农业生产的特殊性使得农业保险从展业到理赔存在着一定的不确定性。目前经营农业保险的中国人保和中华联合保险公司总体简单赔付率分别是：87%和73%。另外，据了解，一些地方农作物险种的费率高达10%。"高赔付、高费率"可谓是我国当前农业保险最真实的写照，前者使保险公司受挫，后者又抑制了农民投保的积极性。所以，要彻底改善我国农业保险的状况，政府要舍得付出，当然付出的不仅仅是"资金"，还要有"对策"，只有国家从宏观上综合立法等方面考虑这个问题，才能为农业保险找到一条健康之路。

（4）实施步骤。同时在全国范围内开展政策性农业保险制度是不可取的。首先，政府财力难以承担，其次，经验表明，在大范围内同时"试验"很难成功。鉴于此，可以考虑先选择风险较大的地区搞试点，就算初步的尝试失败，"船小好调头"，情况不至于难以驾驭。

（5）专业技术人才的培养。农业风险的特殊性、复杂性决定了农业保险经营技术的特殊要求。技术是保险经营的重要要素，而发展保险技术的关键又是人才。但长期以来，我国保险业由于受到各种因素的干扰，农业保险更是呈萎缩趋势，导致农业保险人才奇缺。因此，为了农业保险事业的顺利发展，一定要重视和开展对农业保险技术人才的培养，通过代培、委培、函授等多种方式培养基层农业保险业务骨干，同时，要在大专院校培养具有农业保险系统理论的高级专业人才，确保农业保险业务的开展。[①]

关注"三农"不是口号，它需要有实际行动，发展政策性农业保险是支持和保护农业的重要手段，只有加快其健康发展，才能加

---

① 段鸿济．从生产力与生产关系角度看保险服务供给侧结构性改革［J］．金融与经济，2016（11）：74－80．

强农业的基础地位，才能真正地在一定程度上解决"三农"问题。

三、农业保险政策性经营的典型案例分析

2004 年，江苏省淮安市率先在全国开展政策性农业保险试点，探索创新出"政府和保险公司联办共保"模式。2007 年，江苏省被中央列为全国六个农业保险试点省份之一，在省委、省政府及相关职能部门的积极推动下，农业保险试点在 13 个省辖市全面推开。

（一）江苏"联办共保"模式选择的背景

农业保险的发展具有极强的公共性与外部性，世界上其他国家经过多年的探索形成了诸多农险经营模式，如美国的双轨制农业保险保障体系，日本的民间非营利团体经营、政府补贴和再保险扶持模式，德、法等欧盟国家的民办公助模式等。江苏省的经济现状与农业发展水平与国外存在较大差异，因此，不能照搬上述模式。同样，江苏省农业发展情况与外省有着显著不同，生套外省经验也不可行。为此，试点之初，各参与方积极探索研究适合省情的农业保险经营模式。从江苏农险的发展史看来，农业保险可选模式主要包括商业自办、专业经营、互助会、委托代办和联办共保等。

江苏农险多年的实践表明，在农业保险发展初期，单独依靠政府或保险公司，都不能促进农业保险的可持续发展。农业保险既离不开政府的有力支持，又不能完全依赖政府；既离不开保险公司的参与，又不能由保险公司独立经营；既不能单独让农户承担保费（受保险意识与交费能力限制），又不能让农户不承担任何保费（否则其抗风险主动性会减弱），因此必须在政府主导、商业运作、农户受益中寻求共同点。表 2 – 11 可见，相比较于其他四种模式，"联办共保"模式能够较好地把政府、保险公司与农户的积极性调

动起来，是符合省情实际和高效率的运行模式。

表 2-11 农业保险可选模式比较

模式	内涵	经营难点
商业自办	政府不参与农业保险的具体业务操作，但适当给予农业保险以保费和经营管理费用的补贴，给予税收方面的优惠政策；保险公司"自主经营、自担风险"	风险高度集中、矛盾高度集中，保险公司处理大面积灾害或群体事件的能力也不够
专业经营	按照现代企业制度和公司法的规定，实行一级法人制度，实现区域性统保、独立核算和自主经营	农业保险本身不具盈利能力，该模式不宜支持和主张
互助会	鼓励农户参保，并缴纳保险费，建立地方性农业保险风险基金，设立基金专户，委托人保公司代管，政府支付一定比例管理费，发生灾害，以风险基金为限，承担有限赔偿责任	风险高度集中，政府承担的责任较大，因为主体资格的问题，再保险也难安排，监管也容易缺位
委托代办	政府与保险公司签订委托协议，为政府代办政策性农业保险业务。政府支付保险公司一定比例管理费，发生灾害，由政府负责；发生超赔，确定最高额度，保险公司退回历年管理费充作赔偿资金	
联办共保	政府与保险公司合作，按照"政府推动、商业运作、节余滚存、风险共担"原则，由政府和保险公司依一定比例进行联办共保，保险业务由保险公司按专业化管理和运作	

（二）江苏农险"联办共保"模式的主要特征

1. 政府为农户提供保费补贴

由于农业保险是准公共物品，因此建立政策性农业保险制度，政府必须给予一定的保费补贴。2008 年起，江苏省对于主要种植业参保品种，各级财政保费补贴原则上不低于 70%，其中，中央财政补贴 35%，省级财政补贴 25%，中央、省级财政补贴与 70% 的差额部分由市、县级财政给予补贴。对于主要养殖业参保品种，省级财政补贴根据参保品种确定：其中，能繁母猪保险各级财政保费补贴比例原则上不低于 80%，饲养者负担保费的 20%；奶牛保险各级财政保费补贴比例原则上不低于 60%，饲养者负担保费的 40%。省级财政对保费的补贴分地区执行：苏南 20%；苏中 30%；苏北 50%；省级财政补贴与应补贴的差额部分由市、县财政部门给予补贴。对于其他种植、养殖参保品种，省级财政保费补贴比照以上主要参保品种标准执行，对于农机具和渔船、渔民保险试点，财政保费补贴标准由省财政厅与有关部门另行商定，其余部分由农户自负。以投保一头"能繁母猪"为例，各级政府及农户各自需要承担的保费如表 2 - 12 所示（费率为 6%）。

表 2 - 12   一头"能繁母猪"保险中各级政府及农户承担的保费情况

单位：元

保费来源	地区		
	苏南	苏中	苏北
省级财政	12	18	30
市、县级财政	36	30	18
农户	12	12	12
合计	60	60	60

由表 2 - 12 可见，农户仅承担 12 元的保费便可投保一头能繁母猪，其余 48 元由各级财政进行补贴，大大减轻了农民的保费负担。据统计，2008 年江苏农险保费中，各级财政保费补贴达 8.16 亿元，其中，中央财政补贴 2.93 亿元，省及以下各级财政补贴 5.23 亿元。公共财政的支持有力推动了全省农业保险的开展，提

高了农民参保的积极性。

2. 政府与保险公司分持保费、共担责任

江苏农险"联办共保"模式是指政府与保险公司按照6:4的比例收取保费，同时承担相应的风险责任，组成责任共同体。政府发挥主导作用，负责组织推动、收缴保费和沟通协调，保险公司则发挥其精算、管理、网络、人才和服务等优势，按照商业保险的基本原理和运作规则，为农民和农业生产者提供优质的保险服务。该模式较好地把政府和保险公司有机结合起来，优势互补，风险共担。

农险保费收取后，首先提取管理费用，剩余部分在政府与保险公司之间分配。依据相关规定，江苏农险试点管理费用控制在总保费的15%以内，专项用于农业保险的承保、勘察定损、理赔等相关工作费用支出，剩余保费按6:4分配给各县（市场区）政府及保险公司。以一头能繁母猪保险为例，60元保费按以下方式进行分配：管理费用为9元（60×15%，管理费用在政府与保险公司之间分配，分配比例协商决定）；政府保费收入为30.6元（60×85%×60%）；保险公司保费收入为20.4元（60×85%×40%）。相应地，保险责任也在政府与保险公司之间按6:4分摊。

3. 巨灾风险防范机制的建立

在"联办共保"模式下，政府与保险公司均积极寻求应对巨灾风险的有效措施。具体而言，政府通过建立巨灾风险准备金以应对农业巨灾风险，目前，江苏省已在省辖市建立巨灾风险准备金，包括三部分：一是各县（市、区）按实际投保保费总额上缴10%；二是省辖市按县（市、区）上缴额外负担的50%进行配套；三是在市县资金筹集到位的前提下，省级财政按省辖配套部分进行等额补贴。保险公司则寻求再保险方式转移风险，但从实际运作来看，由于农业保险再保险费率较高，易导致保险公司选择将风险自留，而非再保险，即使参加再保险，其经营效益也不高，从而影响保险公司经营农业保险的积极性。理赔时，保险赔款由下列资金依次赔付：当年保费收入、农业保险基金历年积累、当地政府巨灾准备金、省辖市巨灾准备金，依然不足部分，由政府与保险公司按6∶4赔付。

（三）江苏农险"联办共保"模式面临的困境

在"联办共保"模式下，农险运作主要牵涉政府、保险公司和农户，三方的利益有一致的方面，但又不完全一致。农业保险是一个分散农业风险、社会效益高，但自身经济效益低，甚至为负效益的风险管理工具。政府的利益在于运用农业保险工具，实现支持和保护农业的社会目标，寻求社会效益最大化；保险公司的利益在于盈利；农户的利益在于如何花费最少的钱来分散其农业生产风险，获得个人利益最大化。从上述分析可见，江苏采用"联办共保"模式运作农业保险，为协调三方利益做出了积极努力，农险运行平稳有序，但仍存在一些矛盾与问题。

1. 政府财政负担偏重、缺乏完善的巨灾风险应对措施，且行政色彩较浓

众所周知，政府的主要职能是公共事业管理而非经营，政府参与经营既无必要性也缺乏专业性。但由于农业保险的特殊性，在农险经营过程中，政府不仅要完善基础设施、优化市场环境、提供政策支持、给予投保农民保费补贴及保险公司管理费补贴以及对资金的运用进行监督，还要承担相应的保险责任。目前来看，政府主要存在以下三点亟待解决的问题。

一是财政负担偏重。帮助农户提高其专业化和规模化水平上是政府发展农业保险的途径之一，但农户专业化和规模化水平的提高除了农村社会化服务体系的完善之外，还涉及农村产业政策、农村土地制度、家庭联产承包责任制以及农村社会保障制度等一系列的问题，是一个大的系统工程。那么，在当前农户小规模经营的情况下，政府对农户给予保费补贴也许是唯一选择。这种补贴要确保农户"买得起"还要"划得来"，显然，要在较短时间内达到这一水平，就我国目前的经济实力来说，政府的财政是难以做到的，即便能做到，这种财政投入结构的安全性和经济性也是令人担忧的。而长期进行高比例的保费补贴，也不利于培养农户的风险意识，最终影响农业保险的可持续发展。

二是缺乏完善的农业巨灾风险应对措施。"联办共保"模式将政府纳入保险经营过程中，承担部分保险责任，如果出现非正常年份，很有可能导致政府"收不抵支"。目前，江苏省已着手建立多层次的巨灾风险准备金，但仅一年时间，余额只有 1 亿多元，在发生大面积赔付的情况下，如 1991 年、2003 年那样的大灾，损失最终要靠政府财政进行弥补。这不仅难以为农民提供充分的保障，也会增加政府财政负担。如何在微利的条件下迅速建立有效的巨灾风险防范机制，化解政府面临的巨灾风险，这是一个紧迫的问题。

三是基层政府在执行过程中行政色彩较浓。省政府对农业保险覆盖率并无明确要求，且确定了农民投保自愿原则，但基层政府在上传下达过程中，会增加硬性规定，很可能导致强行收取保费、垫付保费、虚报保费等现象的发生。此外，对覆盖率的过分强调也会增加基层工作的强度，并易造成农户的逆反心理。

2. 保险公司经营动力不强、经营机制不完善且经营能力偏低

一是经营动力不强。农业风险的复杂性和农业保险的高赔付率使得商业保险公司不愿意独立经营农业保险业务，只有在政府提供的优惠政策确保农业保险利润率至少与其他财险的利润率持平的情况下，保险公司才有经营动力。但目前农业保险财税政策支持面还比较窄。从江苏实践来看，由于中央财政仅限于对保费给予补贴，其他环节无补贴政策，如死亡能繁母猪的无公害处理，对试点工作的积极性和分保工作带来一定的阻碍，这也导致保险公司经营动力不强。而这种有限的支持如果掌握不当，还将带来农户与保险机构之间以及保险机构与政府之间双重的道德风险。

二是经营机制不完善。笔者在江苏徐州的调研中发现，当前保险公司农险经营机制不完善，主要表现为：一方面，理赔时效性较差，从标的发生损失到报案，再到定损和理赔长达半年之久。另一方面业务管理不规范、资金划拨不到位、查勘定损不科学的现象依然存在。部分地区的承保面积不达标、测量面积方式落后；出险后报灾面积和实际受损面积不符、出现虚报损失；能繁母猪保险中死亡原因的鉴定不够准确、无害化处理的措施上不完善等都是出现的实际性操作问题。为此，江苏省农业保险试点工作领导小组于2009年6月印发了《江苏省政策性农业保险实务规程（试行）》，就宣传、承保、核保、勘损、理赔提出了时间要求，但各地由于重视程度不一，执行普遍不理想。此外，由于江苏多年风调雨顺，保险公司经营种植业险种有所盈利，但部分养殖业存在亏损，保险公司经营农险大多"以盈补亏"，总体而言并无亏损，但这一局面不符合保险经营的规律，一旦种植业发生巨灾，不足以弥补部分养殖业的亏损，将会严重影响保险公司的农险运营。

三是农险经营能力偏低。江苏农险主要经办公司在政策性农险业务开办之前，由于重视程度不够，并未储备充足的人力与物力，无法满足现实的人力与物力要求，目前，经办公司已在努力改善这一现状，但这需要一定的时间。

3. 农户积极性不高且满意度较低

一是农户投保积极性不高。这与江苏农业风调雨顺年数多风险不大的地情、农业收入占农民年收入比例不高的省情以及政策性农险保险条款责任窄、费率高、赔款少的实情有关。调研发现，农户通常将投保农业保险视为一项义务，并没有充分认识到农业保险的积极作用。

二是农户对农业保险的满意度较低。由于农户对条款中相关规定的变动无法及时掌握对条款通常并不完全理解，甚至产生误解，这直接导致理赔时，农户对理赔速度及实际赔款的不满。类似案例屡见不鲜，如江苏徐州地区一农户的水稻遭受病虫害（条纹矮缩病）侵袭，减产达50%，未达70%的赔付标准但超过30%（原规定中减产70%以上全部赔付，70%以下不赔；现已将条款改为减产在70%以上全赔，在30%～70%之间按生长期损失赔付，给付保险金额的40%），保险公司按照保险金额的40%进行了赔偿，而农民则认为应当赔偿全部损失部分，双方产生争执，投保人对农业保险产生不满甚至抵触情绪。

江苏农险"联办共保"模式开展以来，先后经历了7∶3、6∶4、5∶5的政府与保险公司分持保费、共担责任的不同阶段。2018年底，在不改变农险政策性经营的基础上，政府退出经营，单纯提供保费补偿，一定程度上推动了农业保险向商业化经营的转变。本书以6∶4模式为主，介绍江苏农险"联办共保"的具体做法与面临的挑战。

按照江苏省政府统一部署，从2019年1月1日起，农业保险经营模式由"联办共保"转为政府指导下的保险机构单独承保，地方政府不再分担保费收入和承担赔付责任，农民或者农业生产经营组织投保的农业保险标的属于财政给予保险费补贴范围的，继续由财政部门按照政策规定给予保险费补贴。农业保险经营模式的调整有助于市场在资源配置中发挥决定性作用，从而更好服务乡村振兴战略。

第三章

农村小额保险助力精准扶贫分析

上一章通过实证研究，重点分析了农村小额保险投保意愿的诸多影响因素，以及农业保险发展模式与典型案例。研究表明，农村小额保险在推广效率上有待进一步提升，经营模式有待完善。考虑到小额保险直接面向农村低收入者，与扶贫有着天然的内在联系。本章进一步探讨农村小额保险助力精准扶贫的现状与制约因素。

第一节　农村小额保险助力精准
扶贫的现状与问题

目前，多地区聚焦"精准"，积极创新扶贫性保险产品与服务方式，形成了一些地区经验。如宁夏"扶贫保"模式、河北阜平"政融保"金融精准扶贫项目、云南普洱咖啡价格保险、四川凉山"惠农保"等。

为进一步梳理贫困人口的风险现状与保险需求，本书选择苏北经济薄弱地区农村进行保险扶贫效果的实地调查。通过入户调研获得第一手资料，以期客观呈现当地保险扶贫的效果，进一步深入分析障碍所在。

一、调研地区的选取依据与经济发展概况

（一）调研地区的选取依据

在苏北和苏中地区，现有石梁河库区、刘老庄地区、黄墩胡滞洪区、西南岗地区、成子湖周边地区和灌溉总渠以北地区六大经济薄弱地区。其中，西南岗是泗洪县西南部岗地的总称，包括上塘、魏营、天岗湖、峰山、双沟、车门、瑶沟、四河八个乡镇，是整个江苏省贫困面最广、贫困人口最集中、脱贫难度最大的地区。境内地形复杂，岗冲交错，高低起伏，高程为12.5~62米；土壤类别主要为黄褐土，土质板结黏重，水土保持性差、灌溉水源保证率低，常年干旱缺水，加之交通、水利等基础设施严重滞后，农业抗灾能力很弱，经济十分落后。考虑到相对于其他经济薄弱片区而言，西南岗地区经济贫困状况更为典型，研究结论更具有实际参考意义，本书选取江苏泗洪西南岗车门乡开展保险精准扶贫的问卷调查。

（二）调研地区的经济发展概况

西南岗车门乡位于泗洪县城西郊，地处苏皖两省交汇处，东部和北部与青阳镇毗邻，南接魏营、上塘两镇，西与安徽省泗县接壤。全乡区域总面积78.1平方公里，全乡3 485.1公顷可用耕地，辖1个居民委员会、7个行政村、122个村民小组，总人口2.8万人。2017年，在省委省政府、市县级政府的高度重视和正确领导，以及省、市部门和各扶贫后方单位的大力支持下，经济发展与扶贫工作取得了一定的成绩。一是农业方面。逐步建立了总量适度、布局合理、优质高效益的目标。培育出了乡科技示范园、王沟蚕桑基地、岗朱西瓜带、山西庄绿色蔬菜生产示范片等一批农产品生产龙

头；养殖业规模不断扩大；按照"一乡一品"规划，沿路沿线发展蚕桑、稻米龙头农业，大力发展林果等高效农业，以农民经济合作组织引领全乡农业产业化经营；强力推进青天线林果产业带建设，流转规划到位省道245、青天线沿线道路两侧200米范围内土地，发展蚕桑、经济林果产业；大力发展奶牛养殖，建成苏北最大的现代化奶牛养殖场——金娥奶牛养殖中心，是伊利在苏北最大的奶源基地。二是工业方面。在强有力的招商引资政策影响下，车门乡经济发展环境得以优化，工业产业以新型建材、物流运输等为主，工业经济快速发展。三是特色产业。桑蚕业历来是车门乡的特色产业，养蚕收入约占桑蚕产区农民收入的64%。据当地统计局开展的典型调查，车门乡桑蚕业稳定发展，农民养蚕积极性较高，但持续良性发展受阻：一是产茧量不大，始终达不到大企业上门采购的数量，价格以及销售数量得不到保证，导致蚕农的收益波动较大。二是蚕茧质量不高。车门乡产出的蚕茧，颜色偏黄，达不到蚕茧一等品的要求，这在很大程度上减少了农民的收益，也是影响当地桑蚕业做大做强的难题。

尽管近年来车门乡经济社会保持较快的发展速度，但由于基础差、底子薄，土地贫瘠、水源匮乏、交通落后、信息闭塞等因素制约，全县农村经济发展水平普遍较低，贫困面相对较大，精准扶贫工作进程面临困境。首先，精确识别过程中存在第一个困难是"数据失真"。一些地方领导为了政绩人为地抬高或压低人均收入，导致地方人均纯收入基数失真，进而在贫困村和贫困户识别上难以精准。其次，扶贫人员对贫困地区进行普遍性调查时，群众普遍存在着虚报，压低家庭收入的现象。在车门乡"三帮三进"工作分析报告中，按收入结构分组，务农收入4 793万元，占年收入的64%；务工收入2 022万元，占年收入的27%；经营收入599万元，占年收入的8%；其他收入75万元，占年收入的1%。其中，务农收入高于务工收入。而在实践调研中发现，多数家庭为青壮年外出务农，老人和小孩留守，家庭平均土地占有量为 10 亩，平均每亩收入为 1 000 元，家庭务农收入约为 1 万元，远远低于务工收入。"无人监督"是识别过程中的第二大问题。制度环节上的形式化和不完整由此产生。从村级到贫困户环节，虽然有农户代表进行民主评议和社区公示的环节，农户本质上没有参与和监督的机会。更为严重的是，"无人监督"为私相授受创造了空间。调研中发现，主要村干部指定贫困户的现象十分普遍。部分识别人员为了私利，优待亲属朋友，不严格执行政策，人为划分指标，实现"暗箱操作"。再次，申请不便。扶贫信息到村一层大多数都被"拦截"，村民难以知晓，这就使得贫困户无法及时地获取相关信息，错过申请。很显然，"不申请就不是贫困户"的方式无法实现精准识别。最后，标准不清晰。中央制定的"一超过、两不愁、三保障"脱贫标准，常德提出的"五个经得起"要求，初期提出的"一看房、二看粮、三看有没有读书郎、四看劳动能力强不强、五看有没有病人躺在床"的贫困户识别办法，是实际工作中识贫、帮贫、脱贫的一杆"金标尺"。但在具体实践中这一"金标尺"难以如期发挥作用，标准上模糊不清。由于精准识贫存在困境，精确帮扶同样面临诸多问题。比如贫困户贷款难、金融机构参与扶贫开发工作动力不足、贫困户的内生需求不足等。

二、调研地区保险精准扶贫现状与问题

（一）调研地区保险精准扶贫现状

此次调研以居民的商业保险需求情况作为切入点，以此了解当地农村保险精准扶贫概况。研究所用数据来自本书于 2018 年 7~8

月在调研地开展的问卷调查，内容涉及个体与家庭特征、风险概况与投保情况，发放问卷400份，收回有效问卷数392份。保险对农户提供的风险保障服务从两方面考察：一是农户是否投保；二是农户实际获得的保障程度与保单数。前者有助于判断需求，后者则显示了农户对保险的利用状况（见表3-1）。

表3-1　　　　　　　　农户投保商业保险情况　　　　　　单位：元

农户经济水平	农户数	商业保险投保户数	商业保险实际被保户数	拥有商业险保单数	商业保险保障总额	户均商业保险保障程度	户均拥有商业保险保单数	商业保险投保率
	A	B	C	D	E	E/A	D/A	C/A
高收入	15	9	8	12	495 000	33 000	0.8	12%
中等偏上收入	30	7	6	8	285 000	9 500	0.27	5%
中等偏下收入	158	5	4	5	135 000	854	0.032	6.45%
低收入	189	2	2	2	40 000	212	0.011	2.94%
合计	392	23	20	27	955 000	2 436	0.069	5.1%

资料来源：根据问卷统计而成。

表3-1显示，392个有效样本农户中有23户提出投保申请，分布在各个经济水平组内，其中20户获得承保，投保险种以小额人身保险为主。这意味着有保险投保意愿的农户较少，但投保成功率较高。从户均获得的保障程度来看，高收入与中等收入经济水平组农户具有优势。低收入经济水平组农户无论从投保率还是户均保障来看均处于劣势。总体来讲，农户从商业保险中获得的保险保障是不充足的。

（二）调研地区保险精准扶贫存在的问题

1. 供给不足

自 20 世纪 80 年代我国保险业务全面恢复以来，我国保险公司的数量不断增加，保险业务规模不断扩大。目前全国共有寿险公司 91 家，财险公司 87 家，保险集团 12 家，这其中仅有为数不多的几家在农村地区开展有限的保险业务。由于在农村地区开展业务具有一定程度上的"益贫性"，经济效益会被稀释，大多数保险公司涉足农村保险市场的积极性较低。而针对农村地区开展业务的少数公司，其产品条款与价格厘定通常缺乏针对性，这就导致有效供给更为匮乏。目前符合"价格低廉、保障适度、投保简便"等特点的保险产品数量较少，供需不匹配。地域和城乡发展差异对产品供给的影响也不容小觑，地理位置偏远和交通不便所带来的物理排斥现象，使得保险经营机构难以辐射到基层。目前只有中国人寿等少数几家大型保险公司可以借助其庞大的农村市场经营网点展开针对基层保险服务，而其他市场份额较少的公司，其农村保险业务拓展渠道受到限制，基层设施的不完善必定不利于产品供给。同时考虑到小额保险产品的收益降低、业务推广成本高、件均保费低等因素，各大商业保险公司对于开发销售相关产品的积极性小，这就造成产品的有效供给能力明显不足。

2. 需求不足

调研发现，受传统观念和个别营销人员的错误示范，当地农村居民普遍对保险产品存在着抵触心理，供需原理有时候不能在保险中充分展现。对于中高收入者来说，他们有足够的经济支付能力，同时也有相应的保障人身与财物的需求，但他们宁愿选择储蓄，也不愿意选择保险产品来转移其固有风险；与中高收入者"有能力、少意愿"的保险需求现状不同，更易受到风险侵袭且自身风险处理能力差的低收入者普遍缺乏有效购买力，有限的收入主要用于生活性支出，即使有保险意识，也往往无力承担保险费用。另外，居民接触不到良好的保险氛围，尤其是农村居民，了解保险产品的时间与交通成本过高，这减少了居民投保的选择机会。

3. 产品缺乏针对性

保险公司在进行产品设计时，会综合考虑多方面因素。以寿险为例，生存率、利息率与费用率是影响定价的重要指标，地区特征通常不作为重要的影响因素来考虑。目前来看，保险公司普遍缺乏对农村地区风险状况的专门研究，针对农村市场的产品通常并不具备"针对性"。如以低收入者作为目标群体的小额保险侧重强调"小额"与"便捷"，往往忽略产品责任的针对性与综合性，难以满足农村居民的实际需求。

第二节　农村小额保险助力精准扶贫的制约因素

一、经营模式有待完善

保险扶贫强调更精准的客户接触与更切实的服务途径。经营模式方面有三个关键问题受到制约：一是条款过于专业性。保险条款因其专业晦涩受到诟病。中高收入者并不必然具有中高水平的风险与保险认知水平；而低收入者通常具有相应的风险与保险认知水平。目前来看，保险产品和单证设计、承保流程、销售及服务等环节都过于复杂，有待优化与整合。二是适宜的保险产品与有效的保险服务不易获得。一方面，在"互联网＋"时代，虽然保险销售渠道得以拓宽，但线上线下通常缺少对接，影响了服务的有效性；另一方面，对于居住偏远、缺少保险供给网点的偏远地区而言，保险产品与服务遥不可及。三是保费公平性，涉及投保人与保险人之间的公平、投保人之间的公平，以及保险人之间的公平。总体而言，目前保险公司销售和运营成本偏高，很难在产品和服务供给质量与公司目标利润的实现两方面实现双赢。

二、农村居民投保意愿薄弱

相比较于城镇居民而言，经济薄弱地区农村居民的保险意识更弱。这主要受以下几方面影响：第一，小微经营的传统农户由于经营规模较小，投入的货币资本与人力资本较少，其潜在风险较小，因而寻求风险保障的意愿较弱；第二，保险产品具有非渴求性与非实物性，需要有效的推销才能促成投保。农村居民一般不会主动利用保险作为风险管理的手段，只有当风险发生时才可能想到保险；第三，初期在农村地区展业的保险代理人员专业素质较低，本身对保险缺乏客观、系统的了解，这就影响到农村居民对保险的正确认知。由于专业知识相对缺乏，部分投保人认为交了保费出险后，保险公司理应赔偿。对于不在保险责任范围内的事故，一旦不能如愿获赔，就会对保险产生误解，从而对保险及保险业进行不实宣传。受此类舆论影响，农村居民一般对保险持不信任态度，主动投保的意愿薄弱。

三、基层政府作用发挥不足

目前，在农村商业保险业务推广过程中，基层政府对商业保险缺乏有力的宣传与推动，政府层面作用的发挥很大程度上依赖于少数能人的个人威信。从发达国家或地区农村商业保险市场发展的实践来看，政府在开展农村商业保险中应有的职能和作用通常以法律法规的形式加以明确。目前我国农村商业保险相关法律法规并不健全，政府尤其是基层政府在农村商业保险发展中应该发挥怎样的作用及其实现路径并不明确，这就导致基层政府的积极作用难以充分发挥，一定程度上制约了农村商业保险市场的发展。

保险精准扶贫的核心应是"精准"二字，意味着保险供给主体采取精准的经营模式，以合适的产品与服务对接目标群体的相关需求，有效参与扶贫开发。其关键在于以下三点：一是加强顶层设计。目前，我国已经初步建立起三套功能作用协同配合的保险扶贫体系，包括以农业保险、大病保险为代表的保险扶贫保障体系，以小额贷款保证保险、农业保险保单质押为代表的保险扶贫增信体系，以保险资金支农融资和直接投资为代表的保险扶贫投资体系。涉及到保险、投资等相关领域，受到多方监管，多头监管不利于保险扶贫体系的统筹发展。建议将保险扶贫有效地嵌入到普惠金融的大框架中，并对普惠金融进行专项立法，赋予法律地位，明确中央与地方政府的职权。二是选择合适的经营模式。一般而言，需要进行扶贫的地区通常经济落后或欠发达，相应地，其金融环境总体欠佳、金融规模偏小，要实现保险精准扶贫通常消耗的公共资源较多。江苏作为经济发达地区，整体经济发展与金融发达程度优于连片特困地区，在保险扶贫方面，建议采取政府主导与市场运作相结合，有效发挥政府的公信力与保险公司的专业性。保险公司应结合贫困根源，加强供给侧改革，精准开发产品，如通过农业保险助力农险扶贫，做实大病保险助力大病扶贫，发展小额贷款保证保险助力产业扶贫等。三是提高目标群体瞄准精度。与中高收入群体相比，贫困人口因自身风险承受能力影响，理应得到更多的风险保障，然而受限于保险意识与保费承受能力，其往难以获得足够的保险保障。保险精准扶贫开发过程中，保险监管部门、保险公司、科研机构应加强合作研究，建立高效的保险扶贫对象瞄准工具与筛选机制，建立目标群体的可操作性定义与指标，准确对接贫困人口，着力增强贫困人口的造血功能，实现脱贫致富。并建立动态的调整机制，避免扶贫目标的偏移，确保更多的贫困人口受益于有限的资源，扩大保险扶贫的广度与深度。

第三节　"后脱贫时代"保险反贫困研究展望

十九大报告中提出"要坚持精准扶贫、精准脱贫，确保到2020 年我国现行标准下农村贫困人口实现脱贫，做到脱真贫、真脱贫。"随着2020 年全面脱贫节点的临近，中国的扶贫工作面临着严峻的历史大考。目前来看，脱贫攻坚期内扶贫政策是明确的，即"脱贫不脱政策""脱贫不脱保"。但在脱贫之后的一段巩固期，即"后脱贫时代"，贫困人口在失去扶贫政策等外缓性因素的情况下，如何避免返贫，显然是一个值得深思的问题。《中共中央国务院关于打赢脱贫攻坚战的决定》中对保险业参与精准扶贫提出明确要求。"十三五"期间，保险业借助农业保险等小额保险和其他相关扶贫险种，精准滴灌、精准投放、注重造血，发挥了重要作用。中央的要求、现实的需求与保险的特殊功能，最终指向同一个命题：如何在"后脱贫时代"充分发挥保险反贫困的作用。

2017 年以来，全面脱贫的研究重点逐步转向"后脱贫时代"相关话题，但高层次的研究成果并不多见，且大多以理论研究为主。李棉管（2017）与朱梦冰等（2017）揭示了反贫过程中存在贫困人口识别偏差风险，认为这将影响全面脱贫的进程，或导致脱贫人口二次返贫。顾仲阳（2018）认为扶贫中存在着脱贫产业低水平、同质化的风险，同时存在着来自贫困户的道德风险，以及各种社会风险。针对"后脱贫时代"存在的诸多风险，瑞士再保险（2018）建议完善"后脱贫时代"相关制度的顶层设计。姜婧（2018）进行了社会治理框架下的精准扶贫问题探讨，建议推动形成脱贫攻坚合力，并探索"政府＋金融机构＋企业＋贫困户"的产业扶贫模式。檀学文（2018）考察了皖北一个普通贫困村的精准扶贫体制机制、扶贫措施与脱贫成效，指出以精准扶贫为代表的外缓性因素推动了该村的发展，相比之下，其内动力极为单薄。他建议从培养人才和建立良性村民自治机制等角度去提升贫困地区的内生动力。但无论从哪一方面入手，在初始阶段，贫困村都极有可能因为风险事件的发生重返贫困。从这一点上来讲，保险是"后脱贫时代"反贫困的题中应有之义。

"后脱贫时代"保险反贫困的研究成果并不多见。马振涛（2018）提出，应把保险扶贫的着力点定位于避免"二次返贫"或非贫困户致贫方面。郑伟等（2018）在对河北阜平农险扶贫项目和云南大理健康保险扶贫项目进行综合评估的基础上，分析了当前中国保险扶贫实践面临的主要挑战，并抛出了"后脱贫时代"如何借助保险守住脱贫成果这一话题。

现有文献充分肯定了保险反贫困的优势，阐明了"后脱贫时代"存在返贫风险，并初步探讨了"后脱贫时代"保险反贫困的必要性。但如何评估脱贫地区返贫风险，构建"后脱贫时代"保险反贫困的长效机制，研究有待丰富与深化。本书认为随着全面脱贫工作的推进，相比较于保险如何助力脱贫而言，深入研究如何守住脱贫成果更能体现"精准脱贫"的内涵，研究更具价值。

第四章

农村小额保险发展环境与策略分析

上一章分析了农村小额保险助力精准扶贫中面临的制约因素，有必要全面客观地分析小额保险发展的外部环境、面临的机会与挑战。本章重点分析"十三五"时期江苏农村小额保险的发展环境，并从产品创新、政策支持、模式选择等方面有针对性地提出发展策略。

第一节 农村小额保险发展环境分析

近年来，在农村小额人身保险与农业保险方面，江苏均摸索出了较为成功的经验与模式。本章将以江苏为例，对其农村小额保险发展环境进行深入分析，并积极探索全国范围内普遍适用的发展策略。

研究重点分析"十三五"时期江苏农村小额保险发展环境，具体包括小额保险具有的优势、劣势、机会和面临的威胁。

一、优势

（一）具有巨大的潜在需求与良好的发展前景

农村低收入群体处于人口—财富分布的低收入层级，自身抗风险能力比较弱，容易因疾病、意外而陷入贫困，急需生存保障机制，但他们却通常被排斥在传统的商业保险和社会保障体系之外。农村小额保险恰好可以弥补这一市场空白，通过提供低保费的保险产品，化解低收入群体的人身与财产风险，因此具有巨大的潜在需求。同时，随着经济的高速增长，农村人口储蓄存款不断增加，可支配收入不断提高。相关研究表明，居民储蓄存款中预防疾病、意外、养老等预防性储蓄动机，在一定条件下能够部分转化为现实的保险需求，可见，江苏农村小额保险具有良好的发展前景。

（二）能够为保险公司提供新的利润增长点

在二元经济结构的背景下，江苏商业保险市场同样呈现出明显的"二元"特征，保险业的发展基本上依靠城市业务在拉动，农村保险市场受经济水平制约发展滞后。小额保险在满足农村低收入群体的保险需求的同时有助于保险公司进一步开拓农村保险市场。随着农村经济的不断发展，农村低收入群体必定会迈入财富的较高阶层，他们有可能出于消费习惯对特定的保险公司产生忠诚度，这将使公司获得更大的社会影响力和经济效益。发展中国家的实践表明，小额保险的确为保险机构提供了新的利润增长点。

（三）有助于提升保险业的核心价值

在农村小额保险的推广实践中，意外险和定期寿险等保障型产品的市场需求最旺，是小额保险产品开发的重点，因而推行小额保险可以提高保障型产品在保险业中的比例，而保险业的核心价值就在于开发抵御人身和财产风险的保障型产品，最大限度地满足消费者对保障型产品的需求。换言之，保障型保险产品是保险业的核心产品，小额保险成功推广可以通过提高保障型产品的比重提升我国保险业的核心价值。

二、劣势

（一）目标客户的支付能力与保险意识有限

作为农村小额保险的服务对象，低收入群体收入呈季节性特征，可支配收入有限，很难有足够的经济能力去承担高额保费。此外，低收入群体保险认知能力较差，通常缺乏保险意识，且对保险公司缺乏信任。前期在江苏农村地区开展的调查表明，近40％的被调查者对保险有一定的了解，但是比较了解的仅占13.38％；大多数被调查者对保险公司缺乏信任，认为保险不值得购买。

（二）运行成本偏高导致保险公司缺乏动力

目前，作为小额保险供给方的保险公司面临的最大问题是如何保证小额保险计划的可持续发展，而获得可持续发展的关键在于小额保险能够为低收入群体提供切实有效的保障与服务。但是保障范围越大、服务越精细，成本就越高。一方面，农村小额保险产品并不是现有险种的简单复制，保险公司为开发适销对路的产品必须增加投入；另一方面，由于保险公司在农村设立的营业网点较少，加上交通设施不发达，在展业、承保、理赔过程必将耗费大量的人力与财力，运营成本整体偏高。这就导致某些已经开展农村小额保险业务的公司积极性受挫，对开发农村市场的资源投入不够，简单把城市经验照搬到农村，导致一系列问题的发生。

三、面临的机会

（一）农村金融体系改革为小额保险的发展奠定了基础

近年来，根据中央关于社会主义新农村建设的战略部署，江苏不断深化农村金融体系改革，出台了一系列相关政策，多元化、多层次的农村金融体系正在逐步形成。从新一轮的农村信用社改革，到小额信贷公司的遍地开花，一系列举措促进了金融服务网点在农村地区的延伸，为小额保险提供了更有效率的销售渠道、安全的保费划转和赔付支出工具。同时通过金融服务的发展，如小额信贷的推广，也会促进小额保险需求的提升。

（二）政府及相关部门支持农村小额保险的发展

小额保险旨在帮助社会弱势群体规避某些特定风险，特别是危及基本生活的风险，例如重大疾病开支、意外伤残、家庭财产的损失等，具有一定公益性特征，因而受到政府部门的关注和支持。为推动农村小额人身保险的发展，鼓励商业保险公司积极参与小额保险试点，原保监会下发了一系列文件，对小额人身保险的试点与全面推广给予了大力支持，具体包括减免保险监管费、放宽销售渠道和销售资格的限制、鼓励技术创新、放宽预定利率限制等；江苏省政府相关部门也将农村小额保险列为在江苏农村重点推广的业务；原江苏保监局多次对江苏农村保险市场进行调研并有针对性地制定了相关政策措施；江苏省保险学会则大力推进江苏保险理论研究，与江苏省内多家高校共建了六所保险研究所，其中包括与南京审计学院金融学院共建的农村小额保险研究所。上述政策与措施为江苏农村小额保险的发展提供了良好的政策环境。

四、面临的威胁

（一）农村小额保险市场脆弱

农民保险意识不强，对保险的功能认识有限，且农村保险营销人员专业素质偏低，因而农村保险市场相对比较脆弱，若市场开发失当，很容易滋生保险经营机构或相关人员的不规范经营行为，从而难以实现农村小额保险的发展目标，扭曲小额保险在农村市场的形象，这不仅会影响农村小额保险的推广，而且会给整个保险业在农村地区的发展带来重大的隐患。

（二）相关法律法规体系缺失

目前，我国还没有构建相对完善的法律法规体系来为农村小额保险创造良好的外部环境，江苏同样尚未出台地方性法规来规范农村小额保险的开展。在小额保险范围、经营主体资格、保险人权利义务、会计核算制度、财政补贴和税收优惠方面仍处于探索阶段，这不利于小额保险在农村长期开展业务。如农村的平均保费和展业成本等与城市差别很大，而农村小额保险营销人员却与城市营销人员承担着相同的税收负担，显然不尽合理，即使小额保险争取到政策优惠，也应有相应的险种、范围认定标准，实施主体法律地位等相关的配套法律，防止优惠政策被滥用。综上所述，江苏农村小额保险发展环境分析可归纳如下（见表4-1）。

表 4 – 1　　　　　　　江苏农村小额保险发展环境分析

优势（S）	1. 具有巨大的潜在需求与良好的发展前景； 2. 能够为保险公司提供新的利润增长点； 3. 有助于提升保险业的核心价值
劣势（W）	1. 目标客户的支付能力与保险意识有限； 2. 运行成本偏高导致保险公司缺乏动力
机会（O）	1. 农村金融体系改革为小额保险的发展奠定了基础； 2. 政府及相关部门支持农村小额保险的发展
威胁（T）	1. 农村小额保险市场脆弱； 2. 相关法律法规体系缺失

第二节　农村小额保险发展策略分析

由以上分析可以明确，江苏农村小额保险发展中优势与劣势兼有，机遇与挑战同在。下面将有针对性地提出发展策略，重点介绍 SO 策略和 WT 策略：SO 策略旨在充分发挥优势、把握机会，确保优势和机会最大化；WT 策略则旨在克服劣势、避免威胁，争取劣势和威胁最小化。

一、SO 策略

（一）创新产品，将潜在需求转化为现实需求

为更好地推动小额保险发展，2008 年原中国保监会组织保监局和中国人寿在 8 个省区对上万个农村家庭进行问卷调查。结果显示，55.2% 的农民没有购买保险是首要原因是"价格高"，可见，

购买力低已经成为农村小额保险推广过程中首先要解决的问题。结合调研反映的客观现实，中国保监会于 2008 年 6 月 17 日出台了《农村小额人身保险试点方案》，方案将试点产品定位为农民急需的意外险和定期寿险，并把保额限定在 1 万 ~ 5 万元之间，年保费大约在 50 ~ 100 元之间，并要求"让农民购买小额保险就像买油盐柴米一样简单最好。"为此，保险公司应积极创新产品，化解农村低收入群体由于人口老龄化导致的养老风险，由于社会保险的不完善导致的医疗风险，由于人口流动导致的农民工保险风险等，结合服务对象的特殊性需求，集中资源开发低收入者买得起的小额保险产品，将潜在需求逐渐转化为现实需求。

（二）寻求政策，争取税收优惠与财政补贴

低收入群体保险的缺乏要求加快农村小额保险发展，而服务对象的特殊性与政府的职能则要求在农村小额保险发展初期，政府发挥主导作用，通过财政和税收支持，可以在一定程度上解决农民的保费负担，降低保险公司的销售成本，充分调动低收入群体与商业保险公司的积极性，推动农村小额保险的发展。

一方面政府采取减免税收、提供税收激励等措施，可以促使保险公司为低收入群体提供保险服务。许多国家政府充分利用税收优惠政策，鼓励小额保险的推广和发展。如在日本，简易保险业务在日本邮政民营化以前，无须缴纳商业保险的"法人税"。民营化以后，国家实行"国库缴纳金制度""市町村缴纳金制度"，给予简易保业务新的优惠税收政策。在近 100 年的时间里，日本始终给予税收方面的优惠政策，弥补了邮政部门经营简易保险业务的高额成本，并为简易保险产品费率的降低提供了财政支撑，这是日本简易保险业务能够持续发展并取得成功的重要原因。我国政府可以考虑为农村小额保险供给者提供适度的税收优惠，激励保险公司经营农村小额保险的积极性。另一方面政府提供保费补贴，鼓励低收入群体参加农村小额保险。一些国家的政府参与到小额保险主体的经营管理中，并提供保费补贴及其他支持。在哥伦比亚，政府提供津贴，使低收入群体能够购买健康保险，这甚至促进了小额保险供应商之间的竞争，惠及低收入群体。在印度南部的卡纳塔卡，政府与私营企业成立"合作社农民医疗保健信托会"，并向合作社团提供资金、补助、贷款及技术帮助，确保大部分低收入者能够以较低的保费加入信托会。建议我国政府根据不同地区农村经济发展情况及财政负担能力提供不同程度的保费补贴，这必然会提高低收入群体的参保积极性，有利于小额保险业务的经营状况，同时也有利于保险公司迅速提高自身品牌渗透力。

二、WT 策略

（一）扩大宣传，增强低收入群体对小额保险的认同感

为进一步在农村推广小额保险，保险业应通过各种形式的活动提高农民的保险意识。试点公司可以利用村墙体广告、村广播、海报、过街条幅以及产品说明会等方式，积极宣传小额保险的惠农公益性和团结互助精神。关键是突出保险的正面积极作用，尽量避免加深保险在低收入群体心中的负面印象；突出小额保险在人与人之间的互助作用，这对于社区团体组织尤其重要。此外，要大力宣传保险公司的诚信。可以把保险公司和低收入者中信赖的人或物相结合，例如突出与政府或者社团的良好合作关系等。

（二）探索模式，降低小额保险运行成本

苏黎世金融服务集团小额保险业务负责人布兰登·马修斯认为

"照搬照抄城市经营模式，小额保险注定要失败，在风险可控的前提下，要尽可能降低成本，探索适合农村低收入市场的保险发展新模式。"我们知道，城市经营模式由于费率较高、保费较大，可以通过高额的佣金来促进保险产品的销售，而小额保险自身保费较低，而且面对的是中低收入群体，必须寻求运营模式的创新。如可以探索小额保险和新农合的有效合作途径；可以把小额保险和小额信贷进行组合；通过银邮渠道来销售小额信用寿险；也可以通过农产品零售商、保险公司驻村服务员、村医和水电工等来代理销售小额人身保险，或以团体承保方式实现规模效益等。

（三）健全小额保险相关法律和法规

从国外小额保险政策来看，一些国家通过立法形式建立小额保险，推动小额保险的发展，效果十分明显；也有的国家，其小额保险的经营主体并不在保险法要求的条件下经营，而是通过制定小额保险机构的特殊法律，规范其经营。如日本政府于1916年颁布的《简易人寿保险法》，对简易保险业务进行单独监管。该项法律从简易人寿保险业务的事业目的、经营原则、产品类型、服务类型、资金运用等方面进行了规定。目前我国尚未建立健全农村小额保险相关法律法规，建议江苏尽快出台地方法规，明确农村小额保险开展的指导思想和基本原则，并作具体规定。

江苏农村小额保险发展过程中，具有旺盛的市场需求和日益改善的政策环境，同时也面临着低收入群体保险意识缺乏、保险公司经营成本居高不下以及相关法律法规缺失等挑战。为此，保险公司应积极开发适销对路的保险产品，结合相关部门增强农村低收入群体的风险与保险意识，积极探索合理的运营模式以降低运行成本。而政府应在小额保险发展初期给予一定的税收优惠与财政补贴，同时尽快出台相关法律法规，促进农村小额保险的规范化与可持续发展。

第五章

农村小额保险经营模式优化分析

发展中国家的实践证明，小额信贷与小额保险对于发展农村经济，促进农民生活水平提高意义重大。我国自开展农村小额信贷与农村小额保险工作以来，取得了一定的成效，但也暴露出一些问题。小额信贷方面，由于农户面临诸多风险，导致农村信贷极易发生道德风险和信用危机。小额保险方面也存在保险公司运行成本偏高等问题。"小额信贷＋小额保险"协同发展模式能够在一定程度上解决上述问题。本章重点探讨"信贷＋保险"模式。对该模式产生的动因、效用、现状以及存在的问题进行分析，并就如何促进两者协同发展提出政策建议。

第一节　农村小额保险经营模式分析

实践表明，小额保险在创新产品和维护农村家庭经济安全方面取得了较好成效，但笔者在江苏省内农村的前期调研结果表明，当前农村小额保险开展过程中存在诸多亟待解决的问题。需求、供给以及制度环境构建方面均面临着挑战，这不仅仅会影响供求双方的积极性，更重要的是会危及农村小额保险的可持续发展。目前首先要解决的是如何寻求更为有效的经营模式，从而为低收入人群提供充分的保障。

一、国外农村小额保险经营模式分析

小额保险既是小额金融的重要组成部分，也是一种有效的金融扶贫手段。目前全世界已有一百多个发展中国家建立了较为健全的小额保险制度，为低收入人群提供保障服务。从国外农村小额保险发展的实践看，主要有以下几种模式①。

（一）合作代理模式

自 20 世纪 70 年代以来，小额金融机构通过贷款给低收入人群获得利润的同时，也面临着越来越大的经营风险。为此，小额金融机构积极通过保险机制化解贷款风险，从而形成了合作代理模式。保险公司主要负责产品开发与定价，通过小额金融机构将小额保险提供给客户；小额金融机构则因拥有与低收入家庭接触的便利条件，负责销售、承保、保费收取、理赔与清算。该模式下，小额金融机构可以获得佣金收入或利润分成；保险公司可以快捷地进入低收入市场，并能迅速掌握客户的风险状况，从而有针对性地开发产品；投保人可以享受到受管制的保险机构提供的保险服务，且能从集团定价中获得优惠。但这种代理关系并不稳定，小额金融机构一旦不愿代理，保险公司将丧失已有客户；另外由于保险产品与代理人的主营业务（如贷款）挂钩，非借款客户难以获得保险服务。

---

① 董若凡．政策性农业保险在实施中存在的问题及对策［J］．经济论坛，2015 (11)．

（二）非政府组织（NGO）援助模式

国际上采用 NGO 援助模式比较成功且影响较大的是塔塔友邦。塔塔友邦与目标市场中具有良好社会影响的 NGO 建立合作关系，作为有偿服务，NGO 负责推荐当地有可能成为优秀代理人的人选，从而创造了一个让小额保险代理人向低收入市场推广小额保险的体系。该模式下，保险公司主导小额保险产品的设计与服务，利用 NGO 现有资源，保险公司可降低经营成本；但这种模式对保险公司要求较高，在成本控制、销售渠道建设、精算假设、理赔与服务的平衡问题等方面都需要很高的管理水平，这就导致公司需要反复尝试，面临的经营风险较大，取得盈亏平衡需要较长的时间。

（三）基于社区的模式

该模式下，小额保险的供给者并非保险公司，而是为开展小额保险专门成立的互助组织。目前，这种基于社区模式的小额保险特别是小额健康保险受到了国际劳工组织的消除无保障与贫困的策略与手段项目，以及法国非政府组织国际发展中心 CIDR 等机构和 NGO 的资金和技术援助。典型模式如西部非洲的互助卫生组织（MHO）。该模式能够较快获知低收入人群的保障需求、交易成本较低、可以有效规避道德风险与逆选择；但客户规模较小、缺乏专业性，且保障水平有限。

（四）国际经验及其启示

在国外小额保险的发展中，政府、NGO 以及一些援助机构发挥了积极的作用，从不同侧面推动了小额保险的发展。但其中由非正规供给者（例如互助组织、社区组织等）主导的模式，通常自下而上产生，带有很强的自发性，游离在保险监管之外，并不适合我国采用。目前国内较受关注的四种模式效果不甚理想①。从我国在农村推广保险的实践来看，无论是农业保险、新农合还是新农保，在发展初期均离不开政府的支持，而政府在小额保险发展初期的作用也已经被国际成功经验所证明。基于现实最具可行性的角度，建议在农村小额保险起步阶段，积极探索政府主导下的商业保险经营模式。

二、建立政府主导下的农村小额保险经营模式的依据

政府主导下的农村小额保险经营模式是指基于一定的社会管理需要，政府参与组织、动员农村低收入人群投保，但不负责保险公司的经营风险，保险公司本着保本微利的原则自主经营、自负盈亏。具体而言，政府根据低收入人群状况以及社会管理的需要，提出产品需求或保障方案，继而寻求合适的保险公司，并利用其公信力，组织低收入人群投保。保险公司则负责产品开发、精算、核保、理赔、服务与风险管理等。该模式由于有政府的参与，在低收入人群中的可信度较高，政府提供保费补贴也使得销售环节变得相对简单，它既可以发挥商业保险的专业优势，又可以发挥小额保险的社会性，通常能以较低的成本，在较短的时间内扩大保险覆盖面。当前在我国建立政府主导下的农村小额保险经营模式的依据包括以下两点。

（一）服务对象的特殊性

低收入人群不仅收入低，而且现金流不确定，他们对风险的抵

---

① 目前，我国农村小额保险常见的四种经营模式各有弊端：以纯商业化模式运作，仅有为数不多的保险公司有能力经营；以互助保险经营模式运作，通常无法面对巨灾风险；以合作方式运作，目前在农村又难以寻求到合适的合作组织；以小额信贷捆绑模式运作，则面临着产品单一的问题。

抗能力远远弱于富裕阶层，具有更为强烈的风险保障需求。然而，他们通常处于非正规就业状态，难以得到社会保险的覆盖；也往往被主流商业保险公司所忽视。以低收入人群为服务对象的农村小额保险如何才能实现快速发展，并为广大低收入人群提供持续保障？就目前看来，单纯依靠商业保险公司经营难以成功，因为保险公司面对大规模分散的小额保险，操作成本与交易难度较大，且保险公司一直定位于为富裕及经济尚可者服务，接触低收入人群的机会较少，很难保证产品及服务的有效性；而单纯依靠低收入人群自愿投保、自担保费，小额保险的覆盖面也难以扩大。因此在农村小额保险起步阶段，政府理应发挥主导作用，充分调动低收入人群和保险公司的积极性，确保这一制度的快速、健康发展。

（二）政府有向公民提供社会保护的职责

社会保护旨在通过一系列公共措施向其成员提供各种保护，然而，全世界有一半的人口被排除在社会保护之外。目前，很多国家正在尝试将社会保障由正规经济部门向传统经济部门延伸，小额保险被作为扩大社会保护战略的机制之一，通过社区、商业保险公司或其他社会民间组织为排除在社会保障之外的人提供保险。在个别国家，小额保险计划已经被纳入社会保护实施过程中。在塞内加尔，国家社会保护战略将小额保险计划定义为扩大社会保护服务的重要机制；在卢旺达和加纳，国家在全国实施基于地区和社区互助组织的健康社会保护计划。实践证明，被纳入社会保护范围内的小额保险计划在扩大覆盖面方面更有效率。

三、政府主导下的农村小额保险的政府行为分析

低收入人群保险的缺乏要求加快农村小额保险发展，而服务对

象的特殊性与政府的职能则要求在农村小额保险发展初期，政府发挥主导作用，通过资金、立法等方面的支持，在一定程度上解决农民的保费负担，降低保险公司的销售成本，充分调动低收入人群与商业保险公司的积极性，推动农村小额保险的发展。

（一）资金支持

（1）政府采取减免税收、提供税收激励等措施，可以促使保险公司为低收入人群提供保险服务。许多国家政府充分利用税收优惠政策，鼓励小额保险的推广和发展。如在日本，简易保险业务在日本邮政民营化以前，无须缴纳商业保险的"法人税"。民营化以后，国家实行"国库缴纳金制度""市町村缴纳金制度"，给予简易保业务新的优惠税收政策。在近100年的时间里，日本始终给予税收方面的优惠政策，弥补了邮政部门经营简易保险业务的高额成本，并为简易保险产品费率的降低提供了财政支撑，这是日本简易保险业务能够持续发展并取得成功的重要原因。我国政府可以考虑为农村小额保险供给者提供适度的税收优惠，激励保险公司经营农村小额保险的积极性。（2）政府提供保费补贴，鼓励低收入人群参加农村小额保险。一些国家的政府参与到小额保险主体的经营管理中，并提供保费补贴及其他支持。在哥伦比亚，政府提供津贴，促进了小额保险供应商之间的竞争，惠及低收入人群。在印度南部的卡纳塔卡，政府与私营企业成立"合作社农民医疗保健信托会"，并向合作社团提供资金、补助、贷款及技术帮助，确保大部分低收入者能够以较低的保费加入信托会。建议我国政府根据不同地区农村的经济发展情况及财政负担能力提供不同程度的保费补贴，这必然会提高低收入人群的参保积极性，有利于小额保险业务的经营状况，同时也有利于保险公司迅速提高自身品牌的渗透率。

（二）立法支持

从国外小额保险政策来看，一些国家通过立法形式建立小额保险，推动小额保险的发展，效果十分明显；也有的国家，其小额保险的经营主体并不在保险法要求的条件下经营，而是通过制定小额保险机构的特殊法律，规范其经营。如日本政府于 1916 年颁布的《简易人寿保险法》，对简易保险业务进行单独监管。该项法律从简易人寿保险业务的事业目的、经营原则、产品类型、服务类型、资金运用等方面进行了规定。建议我国出台相关法规，明确政府办理农村小额保险的指导思想和基本原则，并作具体规定。

四、政府主导下农村小额保险运行机制

（1）资金来源。从我国实际出发，如果要开展政府主导下的农村小额保险，政府可能难以承担巨大的补贴负担，因此，可以考虑拓宽筹资渠道。比如，政府可以将以往的救济和补贴转化为保费补贴；在条件成熟时建立低收入人群保险风险基金，其筹集可考虑从以下渠道：从国家和地方政府已设立的"农业风险基金"中列支一部分，从民政和水利部门每年安排的救灾、防洪费用中划归一部分，从社会各界捐赠中拿出一部分，从农产品流通渠道中征收一部分。

（2）保费收取。不同的保费收取方式会影响单位交易成本，而决定保费收取模式的关键因素是客户的具体情况以及其能否获得其他服务。为了使小额保险业务切实可行，国际小额保险经营者把"交易成本最小化、客户服务最大化"作为小额保险保费收取的基本目标。目前，我国农村小额保险实践中可结合现有（如新农合）政策，利用已有渠道进行费用收取与保险金的赔付（给付），便捷

的同时也能减少渠道开支，从而在一定程度上降低保险公司的销售成本。

（3）产品设计。保险公司应积极创新产品，化解农村低收入群体由于人口老龄化导致的养老风险，由于社会保险的不完善导致的医疗风险，由于人口流动导致的农民工保险风险等，结合服务对象的特殊性需求，集中资源开发低收入者买得起的小额保险产品，将潜在需求逐渐转化为现实需求。此外，还需要结合社会管理的目的和初衷，满足政府的需求，使政府有积极性参与组织、推动投保。

（4）理赔与服务。考虑到小额保险覆盖地区相对欠发达且距离中心城市较远，保险公司应充分利用营销服务部和电话服务中心、短信、网络、信函以及营销服务部客户服务人员、驻村服务员的现场服务，提高客户服务需求的响应速度，确保政府管理目标的实现，提高参保率。

（5）人才培养。低收入人群面临风险的特殊性、复杂性决定了农村小额保险经营技术的特殊要求。技术是保险经营和监管的重要要素，而发展保险技术的关键又是人才。因此，为了农村小额保险事业的顺利开展，一定要重视和开展对相关技术人才的培养，通过代培、委培、函授等多种方式培养农村小额保险业务骨干，确保业务的顺利开展以及高效的监管。

小额保险兼有社会性与经济性，它既可以定位于为没有社会保险的低收入人群提供保障，发挥社会保险的作用，也可以向低收入人群提供商业保险，因此其经营模式有多种选择。就我国目前而言，农村小额保险尚处于起步阶段，建议保险公司通过适度的政策支持、精细的专业管理相结合，为低收入人群提供多样化的小额保险产品。

第二节 "信贷 + 保险"模式分析

一、"信贷 + 保险"模式动因研究

农村小额信贷是以农村低收入阶层为主要客户对象的金融服务方式，旨在为贫困农户提供获得自我就业和自我发展的机会，以促进农民增收、农业发展和农村稳定。小额保险是指面向低收入人群，依照大数定律及所涉及成本按比例收取数额较小的保费，在自然灾害或者意外事故发生后，保险公司根据所造成的经济损失按照一定比例给予经济补偿，从而帮助低收入农户规避某些风险的保险。在我国许多地区，传统的小额信贷主要是采取"五户联保"模式，这种信贷模式对农户借贷行为要求极高、手续烦琐，且不易获得资金，极大地挫伤了农户借贷的积极性，近年来许多农村地区越来越表现出农户联保贷款日益萎缩也证明了这一点。与银行聚集着巨大的资金资源相比，我国许多农村地区存在着资金和投资不足的问题，这说明资金在我国农村地区的供给和需求出现了脱节。小额信贷和小额保险的结合对于解决农村地区庞大的资金需求和金融机构丰富的金融供给之间的脱节问题具有十分重要的作用。

从债务人的角度来看。一方面，农业是高风险行业，其本身具有很强的弱质性，对自然因素和人为因素变化极为敏感，极易受到自然风险、资源风险、技术风险和市场风险等因素的干扰，同时，农户的经济收入来源较为单一，主要依靠农业生产，因此如遇到恶劣天气和重大疾病等自然风险、农产品价格变动和生产资料涨价等经济风险以及行为、技术因素等社会风险，都会增加债务人预期收

入的不确定性。另一方面，农村缺乏有效的社会保障体系。我国有8亿多农民，其中多半以上是低收入人群，是社会的弱势群体，并且，我国农村医疗保障体系偏低，也缺乏有效的社会福利条件，所以当债务人面临重大疾病时，"因病致贫"的现象并不罕见。除此之外，债务人的死亡、残疾以及家庭的财产损失、子女教育、家庭被盗等风险都会带来债务人还贷难的因素。总之，债务人收入与支出的不确定性增加了信贷资金的风险性，因为收入的减少与支出的增加往往同时发生，即使是支出微小的增加都会给低收入家庭带来难以喘息的压力。

从银行、小贷公司等债权人的角度来看。首先，由于小额信贷的债权人主要是农村信用合作社，其贷款对象主要针对的是农村低收入人群，一方面，受我国特殊国情与制度所限，农村土地归集体所有，农户只拥有土地的使用权，而没有土地的所有权，农户能用于抵押的东西很少；另一方面，农业生产自身特有的弱质性使得农户收入极易遭受系统性风险的影响，加之我国农业生产技术发展较为落后，许多偏远的农村地区甚至仍停留在原始的耕作方式，技能水平低导致采用新技术的能力不足，严重影响了农业生产力和市场竞争力，因此即使遇到极小的变故，也可能使得农业生产损失殆尽、农户倾家荡产；而且，"相对于传统的抵押担保贷款，农村小额信贷多以个人信用来保证贷款本息偿还，存在着更大的不确定性"，所以农户收入的极大不确定性注定了小额信贷有很大的信用风险和道德风险。其次，从本质上来看，小额信贷是国家的一种扶贫方式，这注定了其在贷款利率方面必定存在优惠。因此，超高不良贷款率的信贷资金发放和低回报利率的信贷资金回收的不对称性严重挫伤了债权人发放"小额贷款"的积极性，他们势必会存在"惜贷"现象，从而制约了其小额贷款业务的可持续发展。

从保险公司等第三方机构的角度来看。虽然我国农村地区具有非常巨大的保险市场潜力，但实践中保险机构在农村地区的保险份额所占比重却相当小，农村保险市场份额占全国保险市场份额有限，中国农村保险市场非常薄弱。农村地区保险市场的相对落后使得农户和银行、小贷公司等发生借贷关系以后，缺少保险等相应的配套保障措施以降低信贷风险，意味着潜在的信用风险、市场风险等信贷风险将由债权人独自承担，这势必会影响债权人放贷的积极性。

二、"信贷＋保险"模式效用分析

（一）降低信贷风险，扩大农村金融机构放贷规模

首先从放贷方面来看，缺少或者没有抵押物的农户可利用保险转移风险，这样农村贷款机构便有兴趣对已投保的农户发放无抵押贷款；其次从还贷方面来看，农民收入对系统性风险极为敏感，如恶劣天气、地震、疾病等。预期收入的任何损失都会带来重大经济后果并降低农民的还贷能力，使金融机构面临的风险随之加大。然而通过保险可以减少众多客观因素所造成的贷款损失。可见，小额保险可以提高债权人的预期收益，把潜在的债权人转化为实际债权人或提高现有债权人的放贷规模，从而扩大农村信贷市场。

（二）规避农业风险，提高农民抗风险能力

小额信贷与小额保险的协同发展，可以给农户提供低资费、全方位的保险服务。同时，降低了银行、小贷公司以及农信社的放贷风险和贷款利率，提高其放贷的积极性，减少农户贷款成本，一定程度上促进农户贷款行为，缓解农户贷款难的问题。并且保险公司可以为农户的人身安全、财产安全等提供相应保险，提高了农户的

抗风险能力，因此得到农户的欢迎。

（三）拓宽农村市场，增加保险公司保费收入

"入世"以来，国内保险业竞争更加激烈，各种保险理财产品源源不断地被开发出来，扩大业务范围和市场占有率成为保险行业面临的一项艰巨的任务。目前我国农村保险市场非常薄弱，高昂的客户信息搜集和处理以及营业网点的建立成本，以及农村保险业务人员整体素质的偏低、骗保欺诈事件的频发、农民对保险业产生的误解使得保险公司在农村地区开展保险业务极为困难。而小贷公司、农信社等小额信贷机构在推行小额信贷款、信用户和信用村建设的过程中，积累了关于农村经济主体的大量信息。因此，保险公司与小额信贷机构进行合作可以有效解决保险的销售平台问题，节约了保险公司的成本，避免了资源的浪费。

（四）促进农村地区经济健康有序地发展

我国经济发展当前面临的主要问题是资金"瓶颈"的问题，小型微型企业融资难现状尤为严重。而我国有为数众多的小微型企业分布在农村，同样面临着资金难问题。小额保险可以有效地降低农村金融机构的信贷风险，增加农村金融机构放贷的积极性，缓解农村地区融资难问题，促进农村经济健康有序的发展，势必得到政府部门的青睐。

三、"信贷＋保险"模式现状及问题

（一）放货机构搭车收费、强制投保等败德行为严重

银监会相关法规规定，放贷机构在办理贷款时应征询借款人是

否办理保险，借款人有权利选择是否办理保险业务。但在实际操作中，放贷机构并未完全履行告知的义务，致使很多借款人认为办理保险是贷款的必须事项，在不知情的条件下被动办理了保险业务。甚至有一些农信社为降低信贷风险把是否参加保险列入信贷审查范围，实行强制性投保。还有的农信社在发放贷款时，"通过向其他联保成员宣传参加保险可以减轻担保人贷款损失风险责任，变相向借款农户施加压力，致使借款农户被迫参加保险，这不仅违背了商业保险的自愿原则，也抑制了个别农户对贷款的需求"。

（二）保险公司创新不足，宣传力度不够，公众对险种认识不深

目前，我国小额信贷保险创新不足，险种依然较少，保障范围大部分仅停留在疾病、人身意外伤害等浅层次方面，无法提供农民十分渴求的如种植、养殖等深层次农业保险险种以及其他诸如特大山洪、滑坡等自然灾害保险险种，因自然灾害等其他原因导致的农户信贷违约现象仍大量存在。此外，由于大部分农户文化水平偏低，对于保险公司险种业务的规定并非全然知晓，维权意识整体偏低，而保险公司又没有做到尽职宣传，使得出险后超过索赔期限而没有索赔的情况屡见不鲜。另外，贷款农户在投保时需要交保费，增加了支出而看不到潜在的收益，所以参保意愿低，这也是目前"信贷＋保险"模式面临的一个重要的问题。

（三）信贷、保险机构对"信贷＋保险"缺乏认识，合作流于形式

虽然"信贷＋保险"耦合模式在我国广大农村地区已逐渐推广，国家相关的扶持政策也逐步完善，但是仍有部分农村金融机构对"信贷＋保险"模式的重要性缺乏足够的认识，仅把小额信贷保险当作完善贷款审批程序的一道手续，而对保险的保障作用效果很少考虑。有些金融机构甚至认为发展"信贷＋保险"模式会影响到

自身储蓄业务的正常进行。同时，保险公司出于农村保险市场客户信息搜集成本高、业务人员素质无法保证、经营效益比较差等问题的考虑，与金融机构的合作多数以相对松散的协议代理形式进行，双方合作表层化。另外，由于信贷和保险双方没有长期的共同利益机制，信贷机构会简单地按照手续费的高低来选择合作伙伴，促使保险公司之间展开手续费交替攀升的恶性竞争，反过来影响了双方的长远发展。此外，我国小额信贷保险创新不足，险种依然较少，保障范围大部分仅停留在疾病、人身意外伤害等浅层次方面，这也使得小额信贷与小额保险的合作停留在表层。因此，"农村信贷机构和保险机构仍是各自为政，小额保险产品与小额信贷产品设计和供应不匹配，农业小额保险难以为小额信贷提供有效的风险保障"。

（四）相关法律约束、政策支持不到位，监管协调难

"信贷＋保险"作为一种微利经营的小额保险业务，于保险公司而言，"纯商业运作的风险和成本较大，尤其是小额信贷与小额保险相结合的模式风险难以控制"，如果没有政府的政策支持以及国家法律的约束，则难以长久发展。现行的《保险法》是一部为商业性保险而设计的法律，用来规范农业保险市场行为则捉襟见肘，而适用于农业性保险的法律几乎一片空白。实践中，一方面保险公司不愿按照商业性保险的经营原则进入险种较少、风险较大、成本较高的农险市场，导致农险市场供给不足；另一方面农户也因险种较少、费率高昂以及防险意识不强等原因拒绝接受农险业务，导致需求乏力，农险市场供需矛盾凸显，监管协调困难。

"信贷＋保险"协同发展模式可以有效规避农村金融机构信贷风险，保证信贷资金的安全，扩大其放贷规模，同时也可以帮助保险公司打开农村保险市场，增加保费收入，并且还可以在一定程度上使农户获得信贷和保险两方面收益，增加农户的预期收入，真正意义上实现了农户、信贷机构和保险公司三方共赢，达到了"帕累托"最优状态。针对我国"信贷＋保险"模式运行过程中出现的种种问题，研究认为要进一步推进"信贷＋保险"协同发展需要在以下几方面进行保障：（1）小额贷款捆绑小额保险能够在一定程度上减轻贷款人由于风险的发生所导致的还款压力，从而提高信贷机构贷款积极性，促进资金供求双方的良性互动。放贷机构办理贷款业务应严格履行告知义务并尊重客户意愿，严禁虚假承诺、捆绑销售。针对客户由于意外风险的发生所导致的还款困难等现象，建议加大宣传，加强其风险与保险认知，并根据实际风险状况引导贷款人积极投保。（2）保险公司应加大创新力度，尽快推出更多深层次的农业险种及自然灾害险种，提高农户抵抗外来风险的能力，控制收入的不确定性因素，切实保障农户的利益。（3）信贷、保险机构应充分重视小额信贷保险发展模式对自身发展的促进作用，双方积极深入地开展合作。首先，建立良好的合作机制，制定有效的业务人员激励与约束机制。其次，利用信贷机构自身信贷过程中掌握了大量客户信息的优势，拓宽销售渠道，逐步打开农村保险市场。最后，信贷、保险机构双方应加大新产品研发，以提升自身对市场日新月异的适应能力。（4）政府相关部门应尽快出台相关惠民政策，加大政府财政对农村信贷机构税费的优惠力度，对开展农业保险业务的保险公司给予一定的保费补贴和免税优惠，并配套营运规则。

第六章

主要结论与政策建议

本章对全书做出总结，据此得出研究结论，并提出政策建议。

一、主要结论

研究采用定性与定量相结合的方法，从农村小额保险产品的国际与国内实践等方面开展研究，积极探索农村小额保险发展的有效模式，并对"农村小额信贷＋农村小额保险"模式等问题进行分析，提出促进可持续发展的具体策略。主要结论如下。

（一）政府参与的必要性

国际经验表明，在小额保险发展过程中，政府需要参与其中。政府主导下的农村小额保险经营模式是指基于一定的社会管理需要，政府参与组织、动员农村低收入人群投保，但不负责保险公司的经营风险，保险公司本着保本微利的原则自主经营、自负盈亏。

（二）农民的支付能力与保险认知程度有限

低收入人群（特别是农民），收入呈季节性特征，可支配收入有限，很难有足够的经济能力去承担高额保费。从调研结果来看，愿意承担50元以下年缴保费的占调查总数65%；愿意承担50～100元年缴保费的占25%；愿意承担100元以上年缴保费的仅占10%。此外，低收入人群保险认知能力较差，通常缺乏保险意识，且对保险公司缺乏信任。调研结果显示，83%的被调查者对保险有一定的了解，但是比较了解的仅占15.5%；46%的被调查者对保险公司缺乏信任，认为保险不值得购买。

（三）商业保险公司运行成本偏高

目前，作为小额保险供给方的保险公司面临的最大问题是如何保证小额保险计划的可持续发展，而获得可持续发展的关键在于小额保险能够为低收入人群提供切实有效的保障与服务。但是保障范围越大、服务越精细，成本就越高。一方面，农村小额保险产品并不是现有险种的简单复制，保险公司为开发适销对路的产品必须增加投入；另一方面，由于保险公司在农村设立的营业网点较少，加上交通设施不发达，在展业、承保、理赔过程必将耗费大量的人力与财力，导致农村小额保险的运营成本整体偏高。

二、政策建议

（一）提高农民对小额保险的认知

保险作为风险管理的有效手段，在针对财产风险与人身风险等方面可为农村居民提供有力的风险保障，从而避免其因为风险事故的发生而致贫或返贫。建议地方政府和保险公司加大对保险的正面宣传力度，以恰当的方式促进农村居民对风险的有效管理，及其对保险的了解与运用。一是建议保险公司销售人员在展业过程中，客观、完整地说明产品责任及相关事项，确保投保人对产品的充分了解，避免销售误导引致的一系列问题；在理赔过程中，明示各环节及其要点，依据保险合同与《保险法》等相关法律法规进行处理，尽可能确保理赔结果无纠纷。以上两个环节是农村居民接触保险、认识保险、评价保险的主要环节，更完善的展业与理赔服务能够在一定程度上提升农村居民对保险的满意度，从而提升其保险意识。二是建议政府与保险公司适时公布"三农"风险相关数据，加强农户对风险的感知与防范意识；同时充分利用网络、电视、印发宣传资料、流动宣传车、张贴海报等形式，借助身边的真实案例宣传"三农"保险的政策内容和重要意义，提升农户对保险作用的了解，引导其积极主动投保，借助商业保险获得农业生产与医养住行等方面的保障。

（二）完善经营模式，加强保险公司对小额保险产品研发

"三农"风险类型具有特殊性，保险公司应积极创新，开发适销对路的产品。如为化解由于自然灾害与社会风险等导致的财产损失风险、由于申请小额信贷而产生的信贷风险、由于人口老龄化导致的养老风险、由于社会保险的不完善导致的医疗风险、由于人口流动导致的农民工相关风险等，设计相应的小额保险产品。并结合服务对象的保费承担能力，集中资源开发低收入者买得起的小额保险产品，将潜在需求逐渐转化为现实需求。具体而言，一是设立专门的小额保险业务中心。由于小额保险经营特征与传统的险种具有较大差别，因此，公司应在内部设立专门的业务中心，并进行独立核算。二是采取有效的成本控制手段。控制成本的关键就是对不同的保单采取不同的控制方式。对于小额保单，保险人可以通过理赔环节进行核保，并在理赔时应适当地放松理赔控制，因为小额保单注重的是量的扩大，同时小额保险仅是公司发展策略的前期开拓市

场、建立市场的手段，可以将其归结为一种市场开发或占领的成本，这个成本可以通过以后保单量扩大而得到的收益中来摊平。三是建立有效的风险分散机制。为了从根本上维护农村贫困人口的利益及经营主体的稳定性，必须控制风险。一方面对于经营农村小额保险业务的主体，国家财政适当进行补贴，帮助其稳定经营；同时农村贫困人口投保时，国家与地方政府先期予以扶持，待经营主体业务发展成熟后逐步减少资金支持力度。另一方面是通过再保险转移风险，对于接受农村小额保险业务分保的保险人给予税收优惠，使得经营农村小额保险业务的主体能顺利转移风险。

（三）力促保险公司精准服务"三农"

保险公司应在市场调研、产品研发、销售渠道建设、人才培养等方面加大投入、融合新技术，更好地提供"三农"保险产品及服务。一是加快"三农"保险产品研发。建议结合保险助力精准扶贫的政策要求，充分调研农村居民在农业生产、医养住行等方面的风险特征，兼顾农村居民低保费、低保障、广覆盖的保险需求，开发适销对路的"三农"保险产品。二是加强农村保险机构网络建设。农村地域广阔，建议在充分调研与实践的基础上，撤销效益不佳的营业网点，保留有效的营业网点，同时加大对偏远农村地区的网点建设，因地制宜，以点带面。三是注重营销队伍的建设。营销人员代表公司直接面对客户，很大程度上影响着客户对保险及保险业的评价。建议在保险营销人员管理方面，严进严出，设置准入门槛与淘汰机制，力促营销队伍的良性成长。四是加强与基层政府的合作，在稳步推进农村社会保障的同时，探索农村商业保险与社会保险的融合发展。五是充分应用保险科技，如区块链、大数据、人工智能等新技术，提高营销的精准性，提高公司风险管理与防灾减损的能力，降低运营成本。

（四）充分发挥基层政府的积极作用

我国政府把保险业发展从行业意愿上升到国家战略，为促进保险业的发展，出台了一系列有力措施，包括大力发展"三农"保险、创新支农惠农方式等。但相关政策措施在自上而下贯彻执行的过程中，作用力有所削弱，实施效果并未达到预期，有必要进一步发挥基层政府的积极作用。一是建议在基层设立相关部门，加强对县域保险市场的调研与数据统计，建立"三农"保险业务数据库，并与保险机构、行业监管部门等共享数据资源，促进农村商业保险市场的研究及产品服务的创新；二是建议基层政府大力推动风险标的创新，通过价格指数、天气指数等创新型险种为地方农业生产提供更有效的风险保障机制，拓宽商业农险外延，推动农村商业保险市场的持续发展；三是建议完善相关法律法规，明确各级政府尤其是基层政府在农村商业保险市场发展中的定位与职能，促使基层政府进一步发挥作用。

附录一

农村小额人身保险试点方案

（保监发〔2008〕47号）

各寿险公司，山西、黑龙江、江西、河南、湖北、广西、四川、甘肃、青海保监局：

小额人身保险是一类面向低收入人群提供的人身保险产品的总称，具有保费低廉、保障适度、保单通俗、核保理赔简单等特点，是小额金融的重要组成部分，也是一种有效的金融扶贫手段。

国际经验表明，在广大农村，单纯依靠提供小额信贷和储蓄工具这些金融支持手段还不足以解决农村的贫困问题。为了更好地规避风险，印度、孟加拉国和菲律宾等发展中国家，根据其农村人口缺乏保险保障的实际情况，以多种形式在农村地区引入小额保险业务，取得了较快发展，成为解决农村人口保障的一种有效手段，引起了国际保险监督官协会、世界银行和国际劳工组织等国际组织的高度关注。目前，世界上有一百多个发展中国家都在积极探索用小额人身保险为低收入人群提供保障服务。

党的十六大以来，保险业积极发挥经济补偿、资金融通和社会管理功能，为和谐社会和社会主义新农村建设做出了积极贡献。同时也必须看到，目前农村的保险覆盖面还很有限，尤其是农村低收入人群的保险需求难以得到满足。随着社会各界对保险业服务低收入人群的认识不断深化，保险业经过多年的发展，对保险服务低收入人群在服务网络、经营模式等方面都进行了有益的探索，并积累了一些经验和做法，这些都为我国小额人身保险的发展创造了有利条件。

积极发展小额人身保险，对于有效服务"三农"、满足广大低收入农民保险保障需求、扩大保险覆盖面，均具有十分重要的意义。为积极贯彻落实全国保险工作会议精神，促进农村小额保险又好又快发展，我会制定了《农村小额人身保险试点方案》，现印发给你们。请具备条件的寿险公司积极参与试点工作。试点公司和试点地区保监局要结合当地实际情况，加强组织领导，积极采取措施，搞好宣传动员，推进农村小额人身保险试点。

特此通知。

中国保险监督管理委员会

二〇〇八年六月十七日

农村小额人身保险试点方案

为深入贯彻落实全国保险工作会议精神，统筹城乡人身保险业务发展，缓解我国农村地区保险供给不足问题，扩大农村地区保险覆盖面，提高保险业服务和谐社会和新农村建设的能力，制订本方案。

一、中心任务

鼓励符合试点条件的保险公司，以农村低收入群体为主要目标市场，通过提供保费低廉、保障适度、保单通俗、核保理赔简单的保险产品，使保险真正惠及广大低收入群体，大力发展农村地区小额人身保险业务。通过小范围试点，为全面推广小额保险积累产品设计、销售模式、售后服务和风险管控等方面经验，扩大低收入群体的保险覆盖面。

二、基本思路和原则

试点工作坚持高标准、严要求，采取先试点、再推广的方式，支持符合条件的保险公司在风险可控的前提下，加强小额保险销售、服务和理赔等环节的经营模式创新，在总结经验的基础上逐步推广。为保障试点工作的顺利开展，所选试点地区应具有一定代表性，要与国家总体发展战略相协调，且当地具备发展农村人身保险业务的基础条件，当地保险公司有积极性和各项保障能力。

试点工作坚持"鼓励创新、适度竞争、审慎监管、适当保护、持续发展"的原则，探索适合低收入市场的经营和监管模式。保监局应坚持审慎监管，严把试点准入条件，维护农村市场竞争秩序，给予试点公司必要的政策支持，确保农村小额保险持续、健康发展。

三、试点资格申请与审核

申请开展小额保险试点的机构应具备下述条件：一是保险公司总部对发展农村人身保险高度重视，并有明确的战略部署和组织财务保障；二是保险公司在试点省（区）的县及县以下地区，拥有提供保全和理赔服务的机构，销售和服务均有保障；三是保险公司具备对小额保险进行独立核算的系统；四是保险公司在试点省（区）的分支机构有积极性，能为小额保险试点工作提供专门的组织、人力和财务保障。

符合试点条件的保险公司，应向中国保监会提出试点申请，并提交试点方案。方案内容主要包括：（1）公司小额保险试点的组织领导体系；（2）拟试点的区域；（3）拟试点的保险产品；（4）拟采取的业务模式，宣传、承保、客服和理赔服务举措，以及切实可行的风险控制措施等。保监会将根据本试点方案要求，从试点地区的可行性、业务模式的合理性、服务能力的充足性、风险控制的有效性等标准进行试点资格审查。

四、试点产品及业务模式

（一）产品特点

小额保险试点产品，应是满足以下条件的普通型人身保险产品：一是保险金额在 10 000 ~ 50 000 元之间；二是价格低廉；三是保险期间在 1 ~ 5 年之间；四是条款简单明了，除外责任尽量少；五是核保理赔手续简便；六是主要针对低收入群体销售。在首批试点过程中，应着力推广多种形式的意外伤害保险，兼顾适量的定期寿险，择机推出可承保多个生命的联生保险，为农村单一家庭提供整体保障，解决低收入群体突出关心的意外风险和死亡风险。

（二）业务模式

（1）对于居住地集中，或同属某个组织的客户，可采用团体方式承保。如果以个险方式承保，保险公司可以只向客户提供简单的保险凭证。凭证上包含投保人、被保险人、受益人、保险种类和保险名称、保险金额、保险期间、每期保费、交费期限、保险责任及除外责任、承保人地址和客户服务热线等必要信息。同时，将保险条款公开备置于保险公司营业场所、客户集中居住地或客户所属组织等地，方便客户随时查询。

（2）借助与低收入人群有日常经济往来的小额金融机构、农产品零售商等，使小额保险产品的销售附加在已经存在的交易上，从而降低管理成本和一些费用支出。

（3）在风险可控的前提下，可探索将保险售后服务与保险公司合作机构的业务流程有效整合，使合作机构承担一定的管理工作，简化索赔程序，加快赔付进度。

（4）在有条件的试点地区，试点保险公司可探索通过各种公益组织机构、个人，或者农民所属团体机构，为农民购买小额保险提供保费资助，培育农民保险意识，迅速扩大小额保险覆盖面。

五、鼓励支持政策

（一）放宽销售渠道和销售资格

保险公司可以委托农村基层组织或机构，包括妇联、村委会、合作社、供销社、村卫生所、计划生育协会，以及新型农村合作医疗经办或代办机构等团体或机构的工作人员销售小额保险（以下简称"小额保险代理人"）。保险公司应对小额保险代理人提供累计不少于30小时的专业培训，并由保监局授予小额保险代理人资格证书。培训内容包括保险基本知识、相关监管规定、小额保险销售、服务和索赔处理等。小额保险代理人销售小额保险以外的其他保险产品时，需根据保监会相关规定取得必要的资格。

（二）减免监管费

对符合小额保险定义，并在试点地区销售的产品，监管部门将考虑减少或免除监管费，以降低保险公司经营成本。

（三）鼓励技术创新

支持保险公司建立统一的电话自动语音服务系统，设立专门的小额保险服务内容，使客户可以通过保单号码查询保单效力、保费交纳等情况，并能及时记录和处理客户投诉；支持保险公司与银行、电信运营商合作，借助银行自动柜员机和移动通信设备，开展新型便捷的小额保险投保和保全服务；鼓励和支持保险公司借助移动终端开展小额保险销售，提供随时随地移动出单、打印交费凭证等服务，严格控制出单和收费过程中的道德风险。

（四）放开预定利率

对于在试点地区销售的小额保险产品，保险公司在定价方面，可根据市场状况自行设定产品预定利率，但准备金评估利率不得高于3.5%。

（五）鼓励供给主体组织形式创新

在条件许可的农村地区，可探索在农村已有联合体或各种农民联合组织的基础上，成立农村保险互助组织，对成员提供互助保障。具体方案由当地保监局结合各地实际情况提出后，报保监会批准实施。

六、保险监管要求

(一) 管理要求

小额保险应可独立承保，不得以投保其他险种为承保的前提条件。为满足单独核算的需要，凡参与小额保险试点的保险公司总公司应建立专门针对小额保险的电子化统计平台，并根据保险监管要求报送相关数据（统计表格另行制定后下发），包括：小额保险分产品的覆盖人数、分产品保费收入、分产品提供保障的总保额、分产品的赔款支出等。

(二) 服务要求

保险公司应使用简单明了的语言，向小额保险个人投保人签发保单。保单应载明服务热线和保单签发人名称及地址。符合本方案规定的保险产品，应在所有提供给客户和不特定潜在客户的材料首页上突出显示"小额保险"图样。其他保险产品均不得使用"小额保险"或"小额"图样。

七、步骤和时间

(一) 选择和确定试点地区

经综合考虑，首批选择山西、黑龙江、江西、河南、湖北、广西、四川、甘肃、青海九省（区）的县以下地区开展试点。首批试点的9个省（区）保监局，要根据辖区农村保险业发展和试点公司实际情况，与试点公司共同商定符合条件的县以下乡（镇）和行政村。

(二) 组织试点

6月下旬至10月底，首批确定试点的9个省（区）在各自试点地区认真组织试点。参与试点的保险公司应高度重视，采取有力措施传达试点政策，并部署和组织好试点工作。保监局负责组织推动本地区试点工作，保监会试点工作小组对小额保险试点工作进行具体指导。

（三）提交阶段性试点工作总结

2008 年底前，保监会将对首批试点的情况进行阶段性总结，评估相关政策的合理性和科学性、小额保险覆盖面和业务质量以及政策实施效果，明确进一步扩大试点或全面推广的指导意见。

附录二

关于印发《全面推广小额人身保险方案》的通知

（保监发〔2012〕53号）

各人身保险公司、各保监局：

为积极响应中央服务"三农"的号召，推进人身保险行业服务最广大人民群众的普惠性目标，2008年保监会启动了农村小额人身保险试点工作。历经四年的探索，在保监局和参与试点的保险公司的共同努力下，在各级政府的大力支持下，农村小额人身保险通过创新产品和经营模式，不断提高农民保险意识，扩大人身保险覆盖面，使居住在偏远农村的近2400万农民买得起、买得到保险，为缓解意外事故和疾病等风险对农村家庭的冲击、建设和谐社会做出了积极贡献，获得了社会各界的广泛关注和认可，实现了农民得实惠、政府得民心、公司得市场、行业得美誉的多赢局面。

为持续推进保险服务的普惠性目标，让更广大低收入群体能够享受到保险服务，增强风险抵御能力，保护辛勤奋斗的致富成果，履行人身保险行业的社会责任，我会在总结试点经验的基础上决定在全国推广小额人身保险服务。现将《全面推广小额人身保险方案》予以印发，请遵照执行。原《关于印发〈农村小额人身保险试点方案〉的通知》（保监发〔2008〕47号），以及《关于进一步扩大农村小额人身保险试点的通知》（保监发〔2009〕59号）自即日起废止。

中国保险监督管理委员会

二〇一二年六月十二日

一、小额人身保险推广的原则和服务对象

（一）小额人身保险是一类面向低收入人群提供的人身保险产品的总称，具有保费低廉、保障适度、保单通俗、核保理赔简单等特点。小额人身保险推广过程中应坚持控制风险、鼓励创新、适度竞争、审慎监管、适当保护、持续发展、普惠服务的原则，使低收入群体买得起、买得到和愿意买小额人身保险，不断扩大保险覆盖面，让保险保障惠及最广大人民群众。

（二）小额人身保险应服务于全国范围内的以下低收入群体：

1. 县以下乡（镇）和行政村的农村户籍居民；

2. 城镇享受最低生活保障的低收入群体、优抚对象，以及无城镇户籍的进城务工人员。

二、小额人身保险的产品要求

（一）小额人身保险产品类型限于普通型定期寿险、意外伤害保险，以及疾病保险和医疗保险。

（二）小额人身保险产品的保险金额应不低于 10 000 元，不高于 100 000 元。其中，定期寿险，以及除与新型农村合作医疗结合的补充医疗保险以外的健康保险的保险金额不得高于 50 000 元。小额人身保险产品的保险期间不得低于 1 年，不得高于 5 年。其中，团体保险的保险期间应为 1 年。

（三）小额人身保险产品的设计应结合低收入群体的实际情况，确保价格低廉、条款简单明了，除外责任尽量少，核保理赔手续简便。

（四）小额人身保险产品的所有相关单证和宣传资料中应突出显示"小额人身保险"或"小额"图（字）样。

三、小额人身保险的推广和服务

（一）保险公司应高度重视小额人身保险产品和经营模式创新在实现小额人身保险服务低收入群体目标中的统一性，在推广小额

人身保险过程中应结合当地经济文化特点和民俗风情，积极探索创新销售和服务模式，使更多低收入群体买得起、买得到适合自身需求的保险保障。

（二）保险公司应使用简单明了的语言，向小额人身保险个人投保人签发保单。保单应载明服务热线和保单签发人名称及地址。

对于居住地集中，或同属某个组织的客户，可采用团体保险方式承保，但保险公司应向每个被保险人签发团体保险的保险凭证。

团体保险的保险凭证上应包含投保人、被保险人、受益人、保险名称、保险金额、保险期间、保险责任及责任免除、承保人地址和客户服务热线等必要信息。

（三）小额人身保险开办过程中不得强制或变相强制投保，协助办理小额人身保险的机构不得将投保小额人身保险作为客户获取本机构相关服务的前提条件。

（四）保险公司应不断改进业务流程，在风险可控的前提下建立小额人身保险绿色理赔通道，简化索赔程序，提高赔付速度。

（五）在有条件的地区，鼓励各种公益组织、个人，或者低收入群体所属团体机构，为低收入群体购买小额人身保险提供部分保费资助，调动低收入群体的投保积极性，让低收入群体通过实际的保险体验培育和增强保险意识，扩大小额人身保险覆盖面。

（六）保险公司应高度重视宣传工作，充分利用电视、报刊、公司官网等宣传媒体，通过图文并茂、深入浅出的方式，宣传小额人身保险"互助共济、团结友爱"的精神，突出小额人身保险的风险保障功能。不得宣传产品的收益率，不得与银行、证券等金融产品比较收益。在推广过程中要及时发掘、总结和宣传推广过程中取得的成功经验，涌现的感人事迹、优秀集体和个人，促进经验交流，弘扬服务新农村建设的奉献精神和创新精神。

四、小额人身保险的支持政策

（一）保险公司在开发小额人身保险产品时，可根据市场状况自行设定产品预定利率，但准备金评估利率不得高于3.5%。

（二）对于符合小额人身保险产品设计要求并经审核备案的产品，在农村销售的免予征收监管费，在城镇销售的监管部门将协调免予征收监管费。

（三）开展小额人身保险成绩突出的保险公司设立保险分支机构的申请优先审批。

（四）开展小额人身保险成绩突出的保险公司在保监会开展的各类创新和试点中同等条件下优先给予支持。

（五）支持保险公司与银行、电信运营商合作，借助银行自动柜员机和移动通信设备，开展新型便捷的小额人身保险投保和保全服务；鼓励和支持保险公司借助移动终端开展小额人身保险销售，提供随时随地移动出单、打印交费凭证等服务，严格控制出单和收费过程中的道德风险。

五、小额人身保险的监管要求

（一）申请开展小额人身保险的保险公司应具备下述条件：一是具有强烈的社会责任意识，公司总部对发展小额人身保险高度重视，并有明确的战略部署和组织财务保障；二是业务模式合理、服务能力充足、风险控制有效，能为低收入群体提供便捷的小额人身保险服务。

符合上述条件的保险公司，应事先向中国保监会提出开办小额人身保险的方案。方案内容主要包括：（1）公司推广小额人身保险的组织领导体系；（2）拟开展的区域；（3）拟推广的保险产品；（4）拟采取的业务模式，宣传、承保、客服和理赔服务举措，以及切实可行的风险控制措施等；（5）小额人身保险的三年业务发展规划。

保险公司在提交小额人身保险开办方案后自动取得小额人身保险开办资格，但保监会有权就开办方案要求保险公司进行解释和修改。

（二）保险公司应就具体开办地区与当地保监局进行沟通，由各保监局根据辖区保险业发展和开办公司实际情况，与开办公司共同商定具体开办地点。

（三）保险公司开发的小额人身保险应在获得保监会产品备案回执或者批复后方可销售。不符合小额人身保险产品设计要求，未经保监会备案或批复的其他保险产品均不得使用"小额人身保险"或"小额"图（字）样。

（四）各保监局应加强小额人身保险推广工作的指导和监管。保险公司开办小额人身保险过程中损害消费者利益的，保监局应及时对相关机构负责人进行监管谈话，并责令改正。情节恶劣或拒不改正的，由监管机构依据《中华人民共和国保险法》第一百六十二条和第一百七十二条规定进行处罚。

（五）经营小额人身保险的保险公司应在每个季度结束后 15 日内向保险会提交小额人身保险统计表；每年三月底前向保监会提交上年度小额人身保险发展报告，反映上年度小额人身保险发展情况、经营的特色、存在的问题及下年度业务发展规划等，发展报告应附精算师签字确认的小额人身保险经营情况表。

（六）各保监局要及时主动向当地党委、政府汇报相关政策，协调财政、税务、工商等部门给予适当政策支持。协调开办县（市）、乡（镇）和行政村采取召开动员大会、编发简报或开辟专栏、制作黑板报等多种方式面向社会广泛宣传，形成有利于小额人身保险推广的舆论氛围。

附录三

《保险小额理赔服务指引（试行）》

（保监消保〔2015〕201号）

第一条　为贯彻落实《中国保监会关于加强保险消费者权益保护工作的意见》，提高保险理赔服务水平，促进保险理赔工作标准化、透明化和信息化，提升保险业社会信誉和保险消费者满意度，特制定本指引。

第二条　本指引所称保险小额理赔是指消费者索赔金额较小、事实清晰、责任明确的机动车辆保险（以下简称车险）和个人医疗保险理赔。

车险小额理赔是指发生事故仅涉及车辆损失（不涉及人伤、物损），事实清晰、责任明确，且索赔金额在5 000元以下的车险理赔。

个人医疗保险小额理赔是指索赔金额在3 000元以下，事实清晰、责任明确，且无需调查的费用补偿型、定额给付型个人医疗保险理赔。

第三条　保险公司应建立全天候接报案服务制度，确保"365天×24小时"报案渠道畅通，并在营业网点和互联网向社会公示统一报案电话，提示和引导消费者出险后及时报案。

第四条　对车险理赔，保险公司接到报案时应准确记录报案信息，提醒报案人需注意的事项，告知报案受理结果，及时进行查勘调度，并将报案号、理赔人员联系方式通过电话、短信、即时通讯工具等方式告知报案人。已建立交通事故快赔处理机制的地区，应引导报案人按照当地快赔处理模式处理。保险公司理赔查勘人员接到调度指令后，应及时联系报案人，告知理赔查勘人员的姓名和联系方式、核对报案信息、确认查勘地点，并向报案人告知索赔事项。

第五条 对于个人医疗保险理赔，保险公司接到报案后应在1个工作日内以电话、短信、即时通讯工具等方式告知消费者索赔事项。

第六条 对于身患残疾、卧病在床等有特殊困难不便到理赔服务窗口提交索赔申请材料的消费者，保险公司应推行上门受理等便捷服务。

第七条 保险公司应在符合风险管控及监管要求的前提下，最大限度简化保险小额理赔索赔资料，除索赔申请类、身份证明类、责任认定及金额确定证明类和支付信息类材料外，一般不应再要求消费者提供其他资料。

第八条 在风险可控的前提下，保险公司应逐步推行索赔单证电子化，减少纸质单证使用。

第九条 对于车险小额理赔，按以下要求简化索赔单证：

（一）合并索赔单证。保险公司应将索赔申请、委托授权、转账授权、查勘记录、损失确认和索赔告知等内容整合到机动车辆保险小额理赔申请书中，推行"多合一"单证。

（二）简化证件证明。对于单方事故，消费者仅需出示"三证一卡"（行驶证、驾驶证、被保险人有效身份证明、收款人银行卡或账户），由保险公司进行原件验真后拍照留存；对于非单方事故，消费者还需提供责任认定及金额确定证明类材料。鼓励保险公司创新证件、证明信息采集途径和方式。

（三）减免维修发票。车辆损失金额2 000元以下的，保险公司根据与消费者确认的损失结果，可减免汽车维修发票直接赔付给消费者（代领赔款的除外）。超出2 000元的，保险公司可要求消费者提交发票或发票原件照片。消费者如到保险公司合作的维修企业维修车辆的，可由保险公司与维修企业直接交接发票，消费者不再提供。

（四）减免气象证明。发生大面积气象灾害，保险公司理赔时应以气象部门公布的气象报告为准，不应要求消费者提供气象证明。

第十条　个人医疗保险小额理赔，按以下要求简化索赔单证：

（一）合并索赔单证。保险公司应将索赔申请、委托授权、转账授权等内容整合到理赔申请书中，推行"多合一"单证。

（二）减免索赔单证。保险公司不应要求消费者在索赔时重复提供已留存并可查询验证的资料，包括保单正本、保费收据等。

（三）减免意外事故证明。个人医疗保险小额理赔中，除有公安机关等第三方介入的情况外，保险公司一般不应要求消费者提供意外事故证明。

第十一条　保险公司应多措并举加快理赔时效。保险小额理赔自消费者提交索赔申请、交齐索赔资料之日起5个自然日内结案率不低于80%；保险公司的平均索赔支付周期不应超过5个自然日。

第十二条　保险公司应准确记录和保存与消费者信息交互服务触点的时间和内容，并将接报案、立案、索赔资料接收齐全、结案支付等理赔节点信息和结果通过适当方式主动告知消费者。

第十三条　保险公司应做到理赔全流程透明管理，建立健全理赔信息便捷查询通道，确保消费者通过营业网点、电话、互联网等渠道查询包括理赔进度、节点时间、理算过程、理赔结果等关键信息。

第十四条　保险公司应依据不同险种类型的理算特点，将赔款金额、免赔额、赔付比例等理赔结果信息告知消费者。

第十五条　保险公司应加快推进理赔系统智能化建设，根据理赔风险级别，逐步提高保险小额理赔自动化处理比例，减少人工处理环节，提升理赔处理效率。

第十六条 保险公司应当建立健全营业网点、电话、互联网等多样化服务渠道，主动前伸服务触点，以满足不同类型消费者服务需求。

第十七条 保险公司应加大资源投入，加强服务创新，加快新技术应用，大力推进O2O服务模式，完善线上报案、受理、单证提交、审核反馈等功能，加强线上线下协同，实现快速服务响应，提升消费者服务体验。

第十八条 保险公司应建立保险小额理赔服务监测指标体系，主要指标为保险小额理赔五日结案率、保险小额理赔平均索赔支付周期、保险小额理赔获赔率等。保险公司应加强对上述服务指标的动态监测，促进保险小额理赔服务水平提升。

第十九条 中国保监会负责制定相关数据报送规则，适时披露保险小额理赔服务监测指标。保险公司应按规定报送保险小额理赔服务相关数据。

第二十条 保险公司委托外部机构实施的保险小额理赔服务标准参照本指引。

第二十一条 本指引由中国保监会负责解释和修订。

第二十二条 本指引自发布之日起施行。

附录四

农业保险条例

第一章　总　则

第一条　为了规范农业保险活动，保护农业保险活动当事人的合法权益，提高农业生产抗风险能力，促进农业保险事业健康发展，根据《中华人民共和国保险法》《中华人民共和国农业法》等法律，制定本条例。

第二条　本条例所称农业保险，是指保险机构根据农业保险合同，对被保险人在种植业、林业、畜牧业和渔业生产中因保险标的遭受约定的自然灾害、意外事故、疫病、疾病等保险事故所造成的财产损失，承担赔偿保险金责任的保险活动。

本条例所称保险机构，是指保险公司以及依法设立的农业互助保险等保险组织。

第三条　国家支持发展多种形式的农业保险，健全政策性农业保险制度。

农业保险实行政府引导、市场运作、自主自愿和协同推进的原则。

省、自治区、直辖市人民政府可以确定适合本地区实际的农业保险经营模式。

任何单位和个人不得利用行政权力、职务或者职业便利以及其他方式强迫、限制农民或者农业生产经营组织参加农业保险。

第四条　国务院保险监督管理机构对农业保险业务实施监督管理。国务院财政、农业、林业、发展改革、税务、民政等有关部门按照各自的职责，负责农业保险推进、管理的相关工作。

财政、保险监督管理、国土资源、农业、林业、气象等有关部门、机构应当建立农业保险相关信息的共享机制。

第五条 县级以上地方人民政府统一领导、组织、协调本行政区域的农业保险工作，建立健全推进农业保险发展的工作机制。县级以上地方人民政府有关部门按照本级人民政府规定的职责，负责本行政区域农业保险推进、管理的相关工作。

第六条 国务院有关部门、机构和地方各级人民政府及其有关部门应当采取多种形式，加强对农业保险的宣传，提高农民和农业生产经营组织的保险意识，组织引导农民和农业生产经营组织积极参加农业保险。

第七条 农民或者农业生产经营组织投保的农业保险标的属于财政给予保险费补贴范围的，由财政部门按照规定给予保险费补贴，具体办法由国务院财政部门商国务院农业、林业主管部门和保险监督管理机构制定。

国家鼓励地方人民政府采取由地方财政给予保险费补贴等措施，支持发展农业保险。

第八条 国家建立财政支持的农业保险大灾风险分散机制，具体办法由国务院财政部门会同国务院有关部门制定。

国家鼓励地方人民政府建立地方财政支持的农业保险大灾风险分散机制。

第九条 保险机构经营农业保险业务依法享受税收优惠。

国家支持保险机构建立适应农业保险业务发展需要的基层服务体系。

国家鼓励金融机构对投保农业保险的农民和农业生产经营组织加大信贷支持力度。

第二章 农业保险合同

第十条 农业保险可以由农民、农业生产经营组织自行投保，也可以由农业生产经营组织、村民委员会等单位组织农民投保。

由农业生产经营组织、村民委员会等单位组织农民投保的，保险机构应当在订立农业保险合同时，制定投保清单，详细列明被保险人的投保信息，并由被保险人签字确认。保险机构应当将承保情况予以公示。

第十一条 在农业保险合同有效期内，合同当事人不得因保险标的的危险程度发生变化增加保险费或者解除农业保险合同。

第十二条 保险机构接到发生保险事故的通知后，应当及时进行现场查勘，会同被保险人核定保险标的的受损情况。由农业生产经营组织、村民委员会等单位组织农民投保的，保险机构应当将查勘定损结果予以公示。

保险机构按照农业保险合同约定，可以采取抽样方式或者其他方式核定保险标的的损失程度。采用抽样方式核定损失程度的，应当符合有关部门规定的抽样技术规范。

第十三条 法律、行政法规对受损的农业保险标的的处理有规定的，理赔时应当取得受损保险标的已依法处理的证据或者证明材料。

保险机构不得主张对受损的保险标的的残余价值的权利，农业保险合同另有约定的除外。

第十四条 保险机构应当在与被保险人达成赔偿协议后10日内，将应赔偿的保险金支付给被保险人。农业保险合同对赔偿保险金的期限有约定的，保险机构应当按照约定履行赔偿保险金义务。

第十五条 保险机构应当按照农业保险合同约定，根据核定的保险标的的损失程度足额支付应赔偿的保险金。

任何单位和个人不得非法干预保险机构履行赔偿保险金的义务，不得限制被保险人取得保险金的权利。

农业生产经营组织、村民委员会等单位组织农民投保的，理赔清单应当由被保险人签字确认，保险机构应当将理赔结果予以公示。

第十六条 本条例对农业保险合同未作规定的，参照适用《中华人民共和国保险法》中保险合同的有关规定。

第三章 经营规则

第十七条 保险机构经营农业保险业务，应当符合下列条件，并经国务院保险监督管理机构依法批准：

（一）有完善的基层服务网络；

（二）有专门的农业保险经营部门并配备相应的专业人员；

（三）有完善的农业保险内控制度；

（四）有稳健的农业再保险和大灾风险安排以及风险应对预案；

（五）偿付能力符合国务院保险监督管理机构的规定；

（六）国务院保险监督管理机构规定的其他条件。

未经依法批准，任何单位和个人不得经营农业保险业务。

第十八条 保险机构经营农业保险业务，实行自主经营、自负盈亏。

保险机构经营农业保险业务，应当与其他保险业务分开管理，单独核算损益。

第十九条 保险机构应当公平、合理地拟订农业保险条款和保险费率。属于财政给予保险费补贴的险种的保险条款和保险费率，保险机构应当在充分听取省、自治区、直辖市人民政府财政、农业、林业部门和农民代表意见的基础上拟订。

农业保险条款和保险费率应当依法报保险监督管理机构审批或者备案。

第二十条 保险机构经营农业保险业务的准备金评估和偿付能力报告的编制，应当符合国务院保险监督管理机构的规定。

农业保险业务的财务管理和会计核算需要采取特殊原则和方法

的，由国务院财政部门制定具体办法。

第二十一条　保险机构可以委托基层农业技术推广等机构协助办理农业保险业务。保险机构应当与被委托协助办理农业保险业务的机构签订书面合同，明确双方权利义务，约定费用支付，并对协助办理农业保险业务的机构进行业务指导。

第二十二条　保险机构应当按照国务院保险监督管理机构的规定妥善保存农业保险查勘定损的原始资料。

禁止任何单位和个人涂改、伪造、隐匿或者违反规定销毁查勘定损的原始资料。

第二十三条　保险费补贴的取得和使用，应当遵守依照本条例第七条制定的具体办法的规定。

禁止以下列方式或者其他任何方式骗取农业保险的保险费补贴：

（一）虚构或者虚增保险标的或者以同一保险标的进行多次投保；

（二）以虚假理赔、虚列费用、虚假退保或者截留、挪用保险金、挪用经营费用等方式冲销投保人应缴的保险费或者财政给予的保险费补贴。

第二十四条　禁止任何单位和个人挪用、截留、侵占保险机构应当赔偿被保险人的保险金。

第二十五条　本条例对农业保险经营规则未作规定的，适用《中华人民共和国保险法》中保险经营规则及监督管理的有关规定。

第四章　法律责任

第二十六条　保险机构未经批准经营农业保险业务的，由保险监督管理机构责令改正，没收违法所得，并处违法所得1倍以上5倍以下的罚款；没有违法所得或者违法所得不足10万元的，处10万元以上50万元以下的罚款；逾期不改正或者造成严重后果的，责令停业整顿或者吊销经营保险业务许可证。

保险机构以外的其他组织或者个人非法经营农业保险业务的，

由保险监督管理机构予以取缔，没收违法所得，并处违法所得 1 倍以上 5 倍以下的罚款；没有违法所得或者违法所得不足 20 万元的，处 20 万元以上 100 万元以下的罚款。

第二十七条　保险机构经营农业保险业务，有下列行为之一的，由保险监督管理机构责令改正，处 10 万元以上 50 万元以下的罚款；情节严重的，可以限制其业务范围、责令停止接受新业务或者取消经营农业保险业务资格：

（一）编制或者提供虚假的报告、报表、文件、资料；

（二）拒绝或者妨碍依法监督检查；

（三）未按照规定使用经批准或者备案的农业保险条款、保险费率。

第二十八条　保险机构经营农业保险业务，违反本条例规定，有下列行为之一的，由保险监督管理机构责令改正，处 5 万元以上 30 万元以下的罚款；情节严重的，可以限制其业务范围、责令停止接受新业务或者取消经营农业保险业务资格：

（一）未按照规定将农业保险业务与其他保险业务分开管理，单独核算损益；

（二）利用开展农业保险业务为其他机构或者个人牟取不正当利益；

（三）未按照规定申请批准农业保险条款、保险费率。

保险机构经营农业保险业务，未按照规定报送农业保险条款、保险费率备案的，由保险监督管理机构责令限期改正；逾期不改正的，处 1 万元以上 10 万元以下的罚款。

第二十九条　保险机构违反本条例规定，保险监督管理机构除依照本条例的规定给予处罚外，对其直接负责的主管人员和其他直接责任人员给予警告，并处 1 万元以上 10 万元以下的罚款；情节严重的，对取得任职资格或者从业资格的人员撤销其相应资格。

第三十条 违反本条例第二十三条规定，骗取保险费补贴的，由财政部门依照《财政违法行为处罚处分条例》的有关规定予以处理；构成犯罪的，依法追究刑事责任。

违反本条例第二十四条规定，挪用、截留、侵占保险金的，由有关部门依法处理；构成犯罪的，依法追究刑事责任。

第三十一条 保险机构违反本条例规定的法律责任，本条例未作规定的，适用《中华人民共和国保险法》的有关规定。

第五章 附 则

第三十二条 保险机构经营有政策支持的涉农保险，参照适用本条例有关规定。

涉农保险是指农业保险以外、为农民在农业生产生活中提供保险保障的保险，包括农房、农机具、渔船等财产保险，涉及农民的生命和身体等方面的短期意外伤害保险。

第三十三条 本条例自 2013 年 3 月 1 日起施行。

附录五

《关于做好保险业助推脱贫攻坚工作的意见》

（保监发〔2016〕44号）

各保监局，各省（区、市）扶贫办（局）、新疆生产建设兵团扶贫办，中国保险保障基金有限责任公司、中国保险信息技术管理有限责任公司、中保投资有限责任公司、上海保险交易所股份有限公司、中国保险报业股份有限公司，中国保险行业协会、中国保险学会、中国精算师协会、中国保险资产管理业协会，各保险公司：

为贯彻落实《中共中央国务院关于打赢脱贫攻坚战的决定》（中发〔2015〕34号）和中央扶贫开发工作会议精神，指导各级保险监管部门、扶贫部门和保险机构按照人民银行、保监会、扶贫办等7部门《关于金融助推脱贫攻坚的实施意见》（银发〔2016〕84号）的总体部署，充分发挥保险行业体制机制优势，履行扶贫开发社会责任，全面加强和提升保险业助推脱贫攻坚能力，助力"十三五"扶贫开发工作目标如期实现，现提出如下意见。

一、总体要求

（一）指导思想

全面贯彻习近平总书记系列讲话精神，牢固树立和贯彻落实创新、协调、绿色、开放和共享的发展理念，深入学习领会党中央、国务院精准扶贫、精准脱贫基本方略的深刻内涵，增强打赢脱贫攻坚战的使命感紧迫感，以满足贫困地区日益增长的多元化保险需求为出发点，以脱贫攻坚重点人群和重点任务为核心，精准对接建档立卡贫困人口的保险需求，精准创设完善保险扶贫政策，精准完善支持措施，创新保险扶贫体制机制，举全行业之力，持续加大投入，为实现到 2020 年打赢脱贫攻坚战、全面建成小康社会提供有力的保险支撑。

（二）总体目标

到 2020 年，基本建立与国家脱贫攻坚战相适应的保险服务体制机制，形成商业性、政策性、合作性等各类机构协调配合、共同参与的保险服务格局。努力实现贫困地区保险服务到村到户到人，对贫困人口"愿保尽保"，贫困地区保险深度、保险密度接近全国平均水平，贫困人口生产生活得到现代保险全方位保障。

（三）基本原则

定向原则。定向发挥保险经济补偿功能，努力扩大保险覆盖面和渗透度，通过保险市场化机制放大补贴资金使用效益，为贫困户提供普惠的基本风险保障。定向发挥保险信用增信功能，通过农业保险保单质押和扶贫小额信贷保证保险等方式，低成本盘活农户资产。定向发挥保险资金融通功能，加大对贫困地区的投放，增强造血功能，推动贫困地区农业转型升级。

精准原则。把集中连片特困地区，老、少、边、穷地区，国家级和省级扶贫开发重点县，特别是建档立卡贫困村和贫困户作为保险支持重点，创设保险扶贫政策，搭建扶贫信息与保险业信息共享平台，开发针对性的扶贫保险产品，提供多层次的保险服务，确保对象精准、措施精准、服务精准、成效精准。

特惠原则。在普惠政策基础上，通过提高保障水平、降低保险费率、优化理赔条件和实施差异化监管等方式，突出对建档立卡贫困户的特惠政策和特惠措施，为建档立卡贫困人口提供优质便捷的保险服务，增强贫困人口抗风险能力，构筑贫困地区产业发展风险防范屏障。

创新原则。构建政府引导、政策支持、市场运作、协同推进的工作机制，综合运用财政补贴、扶贫资金、社会捐赠等多种方式，拓展贫困农户保费来源渠道，激发贫困农户保险意识与发展动力。针对贫困地区与贫困农户不同致贫原因和脱贫需求，加强保险产品与服务创新，分类开发、量身定制保险产品与服务。创新保险资金支农融资方式，积极参与贫困地区生产生活建设。

二、精准对接脱贫攻坚多元化的保险需求

（四）精准对接农业保险服务需求。保险机构要认真研究致贫原因和脱贫需求，积极开发扶贫农业保险产品，满足贫困农户多样化、多层次的保险需求。要加大投入，不断扩大贫困地区农业保险覆盖面，提高农业保险保障水平。要立足贫困地区资源优势和产业特色，因地制宜开展特色优势农产品保险，积极开发推广目标价格保险、天气指数保险、设施农业保险。要面向能带动贫困人口发展生产的新型农业经营主体，开发多档次、高保障农业保险产品和组合型农业保险产品，探索开展覆盖农业产业链的保险业务，协助新型农业经营主体获得信贷支持。切实做好贫困地区农业保险服务，灾后赔付要从快从简、应赔快赔。对已确定的灾害，可在查勘定损结束前按预估损失的一定比例预付部分赔款，帮助贫困农户尽早恢复生产。中国农业保险再保险共同体要加大对贫困地区农业保险业务的再保险支持力度，支持直保公司扩大保险覆盖面和提高保障水平。

（五）精准对接健康保险服务需求。保险机构要发挥专业优势，不断改进大病保险服务水平，提高保障程度，缓解"因病致贫、因病返贫"现象。按照国家有关要求，研究探索大病保险向贫困人口予以倾斜。加强基本医保、大病保险、商业健康保险、医疗救助、疾病应急救助和社会慈善等衔接，提高贫困人口医疗费用实际报销比例。鼓励保险机构开发面向贫困人口的商业健康保险产品，参与医疗救助经办服务。

（六）精准对接民生保险服务需求。保险机构要针对建档立卡贫困人口，积极开发推广贫困户主要劳动力意外伤害、疾病和医疗等扶贫小额人身保险产品。重点开发针对留守儿童、留守妇女、留守老人、失独老人、残疾人等人群的保险产品，对农村外出务工人员开辟异地理赔绿色通道，为农村居民安居生活提供保障。进一步扩大农房保险覆盖面，不断提升保障水平。积极开展农村治安保险和自然灾害公众责任保险试点。探索保险服务扶贫人员队伍新模式，为各地政府、企事业单位驻村干部和扶贫挂职干部，高校毕业生"三支一扶"（支教、支农、支医和扶贫）提供保险保障。支持贫困地区开展巨灾保险试点。

（七）精准对接产业脱贫保险服务需求。积极发展扶贫小额信贷保证保险，为贫困户融资提供增信支持，增强贫困人口获取信贷资金发展生产的能力。探索推广"保险＋银行＋政府"的多方信贷风险分担补偿机制。支持有条件的地方设立政府风险补偿基金，对扶贫信贷保证保险给予保费补贴和风险补偿。鼓励通过农业保险保单质押、土地承包经营权抵押贷款保证保险、农房财产权抵押贷款保证保险等方式，拓宽保险增信路径，引导信贷资源投入。探索开展贫困农户土地流转收益保证保险，确保贫困农户土地流转收益。结合农村电商、乡村旅游、休闲农业等农业新业态，开发物流、仓储、农产品质量保证、互联网＋等保险产品。创新保险资金运用方式，探索开展"农业保险＋扶贫小额信贷保证保险＋保险资金支农融资"业务试点，协助参保的贫困人口更便利地获得免担保、免抵押、优惠利率的小额资金。

（八）精准对接教育脱贫保险服务需求。积极开展针对贫困家庭大中学生的助学贷款保证保险，解决经济困难家庭学生就学困难问题。推动保险参与转移就业扶贫，优先吸纳贫困人口作为农业保险协保员。要对接集中连片特困地区的职业院校和技工学校，面向贫困家庭子女开展保险职业教育、销售技能培训和定向招聘，实现靠技能脱贫。

三、充分发挥保险机构助推脱贫攻坚主体作用

（九）完善多层次保险服务组织体系。保险机构要强化主体责任，将资源向贫困地区和贫困人群倾斜。要加大贫困地区分支机构网点建设，持续推进乡、村两级保险服务网点建设，努力实现网点乡镇全覆盖和服务行政村全覆盖。

（十）对贫困地区分支机构实行差异化考核。各保险机构总公司应根据贫困地区实际情况，科学设定绩效考核指标，对贫困地区分支机构实行差异化考核，引导贫困地区基层机构积极发展扶贫保险业务。对贫困地区分支机构因重大自然灾害或农产品价格剧烈波动导致的经营亏损，不得纳入绩效考核指标。

（十一）加强贫困地区保险技术支持及人才培养。各保险机构要大力推动贫困地区员工属地化，积极吸纳贫困地区大学生就业，加快培育贫困地区保险人才。要努力改善贫困地区分支机构职工福利，为贫困地区培养留得下、稳得住的专业人才。鼓励各保险机构总公司每年选派业务能力较强、政治立场坚定的员工到贫困地区分支机构工作，并在查勘理赔技术、设备等方面给予支持。

（十二）鼓励保险资金向贫困地区基础设施和民生工程倾斜。保险机构要充分发挥保险资金长期投资的独特优势，按照风险可控、商业可持续原则，以债权、股权、资产支持计划等多种形式，积极参与贫困地区基础设施、重点产业和民生工程建设，积极支持可带动农户脱贫、吸引贫困农户就业的新型农业经营主体融资需求。支持保险机构参与各级政府建立的扶贫产业基金，鼓励保险机构加大对贫困地区发行地方政府债券置换存量债务的支持力度。

四、完善精准扶贫保险支持保障措施

（十三）鼓励通过多种方式购买保险服务。要充分认识保险服务脱贫攻坚的重要作用，把运用保险工具作为促进经济发展、转变

政府职能、完善社会治理、保障改善民生的重要抓手。鼓励各地结合实际，积极探索运用保险风险管理功能及保险机构网络、专业技术等优势，通过市场化机制，以委托保险机构经办或直接购买保险产品和服务等方式，探索保险参与扶贫开发的新模式、新途径，降低公共服务运行成本。要加大组织推动力度，引导农村贫困人口参保续保。鼓励各类慈善机构和公益性社会组织为贫困人群捐赠保险。

（十四）加强保险与扶贫政策的协调配合。各地扶贫办应将保险纳入扶贫规划及政策体系，在政策指导、资金安排、工作协调、数据共享等方面支持保险机构开展工作。鼓励各地结合实际，对建档立卡贫困人口参加农业保险、扶贫小额信贷保证保险、扶贫小额人身保险、商业补充医疗保险和涉农保险给予保费补贴，提高扶贫资金使用效率。建立健全贫困地区风险分担和补偿机制，专项用于对建档立卡贫困户贷款保证保险及带动贫困人口就业的各类扶贫经济组织贷款保证保险风险补偿。

（十五）实施差异化监管。支持在贫困地区开展相互制保险试点。支持现有保险机构到革命老区、民族地区、边疆地区和连片特困地区下延机构和开办扶贫保险业务，对上述机构优先予以审批。严格控制贫困地区现有保险机构网点撤并。对投向贫困地区项目的保险资金运用产品，优先予以审批或备案。鼓励保险机构开发涵盖贫困农户生产生活全方位风险的"特惠保"等一揽子保险产品，并优先予以审批或备案。对保险公司开发的针对建档立卡贫困人口的农业保险、涉农保险产品和针对可带动农户脱贫、吸纳贫困农户就业的新型农业经营主体的保险产品，费率可在向监管部门报备费率的基础上下调20%。

（十六）健全保险行业参与机制。设立中国保险业产业扶贫投资基金，采取市场化运作方式，专项用于贫困地区资源开发、产业园区建设、新型城镇化发展等。设立中国保险业扶贫公益基金，实施保险业扶贫志愿者行动计划。鼓励保险机构下移扶贫重心，加大捐赠力度，自愿包村包户，对贫困农户生产生活教育实现风险防范全覆盖。

（十七）加强保险消费者教育。强化贫困地区保险消费者教育和权益保护，保障贫困地区保险消费者合法权益。根据贫困地区保险消费者需求特点，综合运用多种媒体、保险机构网点以及村镇、社区等公共宣传栏，有针对性地开展保险扶贫服务政策宣传，增进贫困地区和贫困人口对精准扶贫保险服务政策的了解，提高其保险意识和运用保险工具分散风险的能力。统筹安排针对扶贫干部的保险知识培训，由保监会提供相应的培训项目及师资等智力支持，不断提高各级干部运用保险的能力和水平。鼓励保险机构向贫困地区基层干部和贫困农户提供农业技术、风险管理以及现代保险知识培训，提高运用保险发展经济的意识和能力。

五、完善脱贫攻坚保险服务工作机制

（十八）强化组织统筹。各保监局、保险机构和保险业社团组织要把扶贫开发工作作为重大政治任务，采取切实措施，确保各项工作有序开展。各保监局要成立由主要负责人任组长的工作领导小组，统筹协调辖内保险机构，做好保险服务脱贫攻坚工作。各保监局和省级扶贫部门要建立工作联动机制，可根据本意见制定具体实施办法，加强政策互动、工作联动和信息共享，推动相关配套政策落实。

（十九）完善精准统计制度。建立脱贫攻坚保险服务专项统计监测制度，实现保险信息与建档立卡信息对接，及时动态跟踪监测各地、各保险机构工作进展，为政策评估提供数据支撑。各保监局和各保险机构要按照保监会和国务院扶贫办要求，及时、准确报送相关数据资料。

（二十）严格考核督查。建立脱贫攻坚保险服务专项评估制度，保监会、国务院扶贫办定期对各地、各保险机构脱贫攻坚保险服务工作进展及成效进行考评，通报考评结果，并将考评结果作为市场准入、高管资格和差异化监管的重要依据。

（二十一）加强总结宣传。及时梳理、总结精准扶贫保险服务工作中的典型经验、成功案例和工作成效，加强宣传推介和经验交流，营造有利脱贫攻坚保险服务工作的良好氛围。

中国保监会　国务院扶贫办

附录六

农村小额保险投保意愿的调查问卷（节选）

尊敬的农民朋友：

您好！为了解农村小额保险产品的购买意愿，江苏省农村小额保险研究所展开专题调研，期待得到您的支持。本调查问卷仅供学术研究时参考，您所填写的问卷资料我们会严格保密，请您放心。谢谢！

"农村小额保险"专题调研组

调查员： 调查时间： 调查地：＿＿＿＿市＿＿＿＿村

一、农户基本情况

1. 您的性别：

A. 男 B. 女

2. 您的虚岁：

A. 20 岁以下 B. 20～29 岁 C. 30～39 岁

D. 40～49 岁 E. 50～59 岁 F. 60 岁及以上

3. 您的受教育程度：

A. 小学及以下 B. 初中 C. 普高

D. 中专、技校 E. 大专及以上

4. 您的就业状况：

A. 纯务农 B. 有稳定工作兼务农

C. 务农且灵活就业 D. 不务农但有稳定工作

E. 不务农但灵活就业　　　　　　F. 赋闲在家

5. 家庭共有_____人（经济共同体，即钱在一起花的），总的年毛收入：

A. 3 000 元以下　　　　　　　　B. 3 000 ~ 5 000 元

C. 5 000 ~ 1 万元　　　　　　　 D. 1 万 ~ 2 万元

E. 2 万元以上

6. 家庭有无储蓄：

A. 有　　　　　　　　B. 无

7. 家庭人均拥有土地_____亩

二、保险认知与农户风险

8. 您对保险的了解程度：

A. 不知道　　　　　　　　　　　B. 知道但不了解

C. 比较了解　　　　　　　　　　D. 非常清楚

如果知道，您了解保险的渠道：

A. 营销员介绍　　　　　　　　　B. 亲友介绍

C. 媒体宣传　　　　　　　　　　D. 主动了解

9. 您目前是否持有保险保单：

A. 有（具体险种：_____；您对该产品是否满意：a. 是 b. 否）

B. 没有（原因是：

——a. 没有余钱

——b. 自己能够承担风险，没必要投保

——c. 单位买了保险

——d. 政府补贴_____（哪种补贴）

——e. 对保险公司不信任

——f. 没有合适的险种

——g. 周围几乎无人购买保险）

10. 近三年，您的风险情况是：

A. 平平安安　　　　　　　　　B. 遭遇过意外伤害

C. 面临过财产损失　　　　　　　D. 生大病住过院

E. 生小病看过门诊

11. 您是如何处理上述风险的：

A. 自己承担　　　B. 亲友帮忙　　　C. 政府救济

D. 保险理赔　　　E. 其他

三、农村小额保险投保意愿

12. 若有一种保险，只需要一次性交纳几十元保费就可以得到一定的保障（保财产、保健康、保意外等），您是否愿意购买：

A. 是　　　　　　　　　B. 否（若回答否，结束调查）

13. 这种低保费的保险产品，您愿意购买的是（可多选）：

A. 小额人寿保险　B. 小额健康保险　C. 小额意外伤害保险

D. 小额财产保险　E. 综合小额保险

14. 只要保障水平达到多大比例，您就愿意购买：

A. 50%　　　　　　　　　B. 70%

C. 90%　　　　　　　　　D. 100%

15. 当个人承担多少保费时，您愿意并有能力购买：

A. 30 元以下　　　　　　　B. 30 ~ 50 元

C. 50 ~ 80 元　　　　　　　D. 无所谓

16. 就农村小额保险的开展，您有何建议？

_____

_____。

参 考 文 献

[1] 曹晓兰. 我国小额保险的经济学分析 [J]. 保险研究, 2009 (6).

[2] 陈之楚. 小额保险供给制度对传统保险的突破及其功能定位 [J]. 现代财经 (天津财经大学学报), 2009 (12).

[3] 陈华. 农户购买小额保险意愿影响因素研究——来自广东两个县的证据 [J]. 保险研究, 2009 (5).

[4] 陈世新. 农村小额人身意外伤害保险小投入大作为 [N]. 中国保险报, 2015 - 09 - 01, 007.

[5] 陈学军, 蒋志军. 创新发展普惠保险 [N]. 中国保险报, 2016 - 12 - 06, 002.

[6] 邓涛涛. 农村小额人身保险逆向选择问题的博弈研究 [D]. 西北农林科技大学, 2012 (5).

[7] 段鸿济. 从生产力与生产关系角度看保险服务供给侧结构性改革 [J]. 金融与经济, 2016 (11): 74 - 80.

[8] 董若凡. 政策性农业保险在实施中存在的问题及对策 [J]. 经济论坛, 2015 (11).

[9] 冯文丽. 美日农业保险制度对我国农险模式选择的启示 [J]. 农村经济, 2002 (12).

[10] 何学松, 孔荣. 普惠金融减缓农村贫困的机理分析与实证检验 [J]. 西北农林科技大学学报 (社会科学版), 2017 (3):

76 - 83.

[11] 黄英君，蒲玥成. 重视创新农业保险产品 [J]. 中国保险，2015 (12)：5.

[12] 姜俊臣，乔立娟，杜英娜. 农业保险主体行为的博弈分析 [J]. 安徽农业科学，2007 (9).

[13] 江生忠，贾士彬，江时鲲. 我国农业保险保费补贴效率及其影响因素分析——基于 2010～2013 年省际面板数据 [J]. 保险研究，2015 (12).

[14] 焦清平. 农业保险的甘肃实践 [J]. 中国金融，2016 (13).

[15] 刘嵘. 农业保险春暖待花开 [N]. 中国保险报，2004 - 3 - 1 (1).

[16] 刘吉舫. 建立我国农业政策性保险制度问题的探讨 [J]. 税务与经济，2002 (6).

[17] 刘万. 国际小额保险模式问题研究 [J]. 金融理论与实践，2008 (12).

[18] 刘吉舫. 建立我国农业政策性保险制度问题的探讨 [J]. 税务与经济，2002 (6).

[19] 刘如海，张宏坤. 发展小额保险的国际经验及对策建议 [J]. 上海保险，2008 (5).

[20] 刘荣茂，刘妍. 中国农业保险发展的模式选择 [J]. 农村经济，2005 (1).

[21] 梁涛，方力. 农村小额人身保险 [M]. 北京：中国财政经济出版社，2008.

[22] 梁健. 论保险业供给侧改革之着力点 [J]. 绍兴文理学院学报（自然科学），2016 (3)：63 - 67.

[23] 李传盛，李新. 善用农村小额贷款保证保险（上）[N].

中国保险报，2016 - 08 - 09，007.

　　[24] 李传盛，李新. 善用农村小额贷款保证保险（下）[N].
中国保险报，2016 - 08 - 23，007.

　　[25] 李琼，刘爽，宋玉琪，张健铭. 农村小额人身保险的制
度经济学分析 [J]. 保险研究，2011（10）.

　　[26] 李可. 普惠金融促进农村减贫问题研究 [D]. 中央民族
大学，2016.

　　[27] 李喜梅. 小额信贷与小额保险合作发展研究 [J]. 经济
问题，2010（5）.

　　[28] 李杰，赵勇. 普惠金融视角下农村小额保险制度的构建
[J]. 金融理论与实践，2012（9）：94 - 96.

　　[29] 罗新宇，俞丽虹. 农业保险为何处境尴尬 [N]. 中国保
险报，2004 - 3 - 1（4）.

　　[30] 粟芳，方蕾. 中国农村金融排斥的区域差异：供给不足
还是需求不足？——银行、保险和互联网金融的比较分析 [J]. 管
理世界，2016（9）：70 - 83.

　　[31] 马树强. 扩大农业保险供给侧改革的思考——政策性农
业保险税收政策支持方案建议 [J]. 上海保险，2016（7）.

　　[32] 毛文博，管星. 政策性农业保险试点中的主体定位探析
[J]. 保险研究，2008（8）.

　　[33] 秦舒昕. 中国农业保险的现实选择 [J]. 广西财政高等
专科学校学报，2001（12）.

　　[34] 宋娟. 论制度普惠后基本医疗保险仍需注意的几个问题
[J]. 兰州学刊，2012（10）：139 - 145.

　　[35] 唐汇龙，濮钰，李凯文，陈楚楚. 小额保险在我国巨灾
风险管理中的运用——基于政商合作平台的研究视角 [J]. 上海保
险，2015（5）.

［36］庹国柱，王德宝．关于我国农村小额人身保险的几个重要问题［J］．中国保险，2009（11）．

［37］庹国柱，李军．我国农业保险试验的矛盾及出路［J］．首都经济贸易大学学报，2003（4）．

［38］庹国柱，王国军．中国农业保险与农村社会保障制度研究［M］．北京：首都经济贸易大学出版社，2003：69－179．

［39］庹国柱，李军．农业保险［M］．北京：中国人民大学出版社，2005．

［40］吴扬．世贸政策与中国的农业保险［J］．社会科学，2001（8）．

［41］王延辉，赵仕平．新疆农业保险市场调查报告［J］．保险研究，2002（5）．

［42］王祺．我国农业保险面对的困境及对策研究［J］．农村经济，2003（1）．

［43］王新军，朱水连．对政策性农业保险行为主体分析与政府作用研究［J］．保险研究，2008（12）．

［44］王军，宋岭，王树声．政策性农业保险中农民与保险公司行为的博弈分析［J］．农业经济，2008（3）．

［45］王东宾．布局普惠保险对接精准扶贫［N］．中国城乡金融报，2016－12－28，B02．

［46］王洪波．保费补贴对农业保险需求与供给的影响研究［J］．科技与经济，2016（4）．

［47］邢婷婷，张兴．农村小额保险发展研究的新制度经济学视角［J］．经济问题，2013（6）．

［48］肖明迁，陈孝劲．我国小额保险发展模式的探讨［J］．海南金融，2009（3）．

［49］许亚平．透视政策性农业保险的"江苏模式"［N］．农

民日报，2009，5（31）.

［50］尹兴宽.农业保险与农村信贷协同发展研究［J］.改革与战略，2016（6）.

［51］叶明华.农业气象灾害的空间集聚与政策性农业保险的风险分散——以江、浙、沪、皖71个气象站点降水量的空间分析为例（1980—2014）［J］.财贸研究，2016（4）.

［52］叶蜀君，杨若冰.建立我国农业保险政策支持的经济学分析［J］.宏观管理，2008（2）.

［53］苑为，杨明亮.构建以小额保险为核心的新农村风险管理体系［J］.经济管理，2009（5）.

［54］周红雨，徐汉坤.湖北省农村小额保险发展情况调查报告［J］.保险研究，2008（8）.

［55］张兴.我国小额保险制度安排设计［D］.南开大学，2009.

［56］张路雄.美国农业保险考察报告［J］.中国农村经济，2002（1）.

［57］张洪涛，郑功成.保险学［M］.北京：中国人民大学出版社，2000.

［58］张跃华，顾海英.上海农业保险状况分析与对策探讨［J］.上海农村经济，2003（11）.

［59］CGAP Working Group. Making Insurance Markets Work for the Poor：Microinsurance Policy，Regulation and Supervision（Philippines Case Study）［R］. 12 January 2009.

［60］Craig Churchill. Protecting the Poor：A Microinsurance Compendium［M］. International Labour Organization，2006.

［61］Chambers. Insurability and Moral Hazard in Agricultural Insurance Markets［J］. American Journal of Agricultural Economics，1989.

［62］ Chad E. Hard and Bruce A. Babcock. Rankings of Risk Management Strategies Combing Crop Insurance Products and MarkrtingPositions ［D］. Working Paper 01 – WP267 （February 2001）.

［63］ International Microinsurance Conference Making Insurance Work for the Poor （2005 – 2011） ［R］.

［64］ Michael J. McCord. A Case Study of an Example of the Full Service Model of Microinsurance Provision ［R］. 15 February 2001 .

［65］ The Microinsurance Centre. The Landscape of Microinsurance in the World's 100 Poorest Countries ［R］. April 2007.

［66］ Williams J. C. , Wright B. D. Storage and Commodity Markets. Cambridge University Press, New York, 1991.

后　　记

随着经济的不断发展，保险业无可争议地成为现代金融业三大支柱之一。然而商业保险在利润的驱使下，一直偏重于服务相对富裕的群体，忽视了最需要危险分摊的低收入人群，这对保险制度本身而言无疑是个挑战。因此，当小额保险在一些发展中国家成功推广时，这种依据公认的国际惯例运营，由多种不同实体为中低收入者提供保险的创新形式很快受到广泛关注。本书基于江苏省内农村调研所得数据，建立实证模型分析了小额保险发展的现状，以及其助力精准扶贫面临的制约因素。研究表明，农村小额保险在创新产品、探索经营模式等方面已经取得了一定的成效，但在业务规模以及推广效率方面效果有待提升，在助力精准扶贫方面大有作为。

保险业作为具有扶危济困、雪中送炭特征的行业，直接面向最广大的贫困人口和社会弱势群体，与扶贫有着天然的内在联系。保险扶贫具有精准滴灌、精准投放和注重造血的特点。"十三五"期间，保险业借助农业保险、大病保险、民生保险、增信融资和其他相关扶贫险种，积极助推脱贫攻坚，发挥了重要作用。形成了河北阜平"金融扶贫保险先行"、河南兰考"脱贫路上零风险"、江西赣州"精准扶贫医疗保险"、宁夏"脱贫保"等典型模式。但以上模式均未能实现大范围推广复制，这就暴露出保险扶贫商业可持续性不强的弊端。

目前来看，2020 年之前的保险扶贫相关政策是明确的，即"脱贫不脱保"，既有的保险保障政策可以延续。但是，2020 年进入"后脱贫时代"，如何守住来之不易的脱贫成果，值得深思。中央的要求与现实的需求，最终指向同一个命题：如何在"后脱贫时代"充分发挥商业保险的作用。

这将是我接下来要专心研究的又一个选题。

作者

2019 年 1 月